IN THE LION'S DEN

Israel and the World

深入獅穴

丹尼·丹農
Danny Danon

李偉誠——譯　陳建元——審校

以色列駐聯合國大使工作實錄

獻給我親愛的妻子泰莉（Talie）和我們美麗的孩子：

阿維德（Aviad）、希拉（Hila）和喜拉（Shira）。

不管我從事什麼工作，他們是我永遠的靠山。

1 1 我的父親喬瑟夫・丹農（Joseph Danon）。Credit: Personal photo library
2 2 我父親喬瑟夫・丹農在以埃消耗戰爭中受傷以前，與我母親約基別・丹農（Yocheved Danon）在以色列旅行。Credit: Personal photo library

1 2

1 1993年，我在佛羅里達州為猶太學生舉辦了自己生平第一次大型活動，邀請前總理伊扎克．沙米爾（Yitzhak Shamir）前來演講。Credit: Personal photo library

2 與已故摯友艾利．魏瑟爾（Elie Wiesel）於2015年在他紐約的辦公室會面。他的名必蒙稱讚。Credit : Personal photo library

1
2

1 2015年11月，我在聯合國總部將到任國書呈交給祕書長潘基文（S.G. Ban Ki-moon）。Credit: UN Photo/ Rick Bajornas

2 2015年11月，紀念聯合國第379號決議文40週年合影。於1991年被廢除的該決議將猶太復國主義等同於種族主義。照片右起分別為：麥可・赫佐格（Michael Herzog）、艾薩克・赫佐格（Isaac Herzog）、美國國務卿凱瑞（Secretary John Kerry）、潘基文祕書長、我、美國駐聯大使鮑爾（Amb. Samantha Power）和美國猶太委員會（American Jewish Committee）執行長大衛・哈里斯（David Harris）。Credit: UN Photo/ Mark Garten

1
2

1 2016年9月在聯合國舉行的以色列前總統希蒙・裴瑞斯（Shimon Peres）紀念活動。我（中）的左右分別是潘基文祕書長和鮑爾大使。Credit: UN Photo/Eskinder Debebe

2 我（右）和鮑爾大使（中）以及美國駐以色列大使丹尼爾・夏皮羅（Amb. Daniel Shapiro，左）一同巡遊以色列南部邊境。Credit: Avi Dodi Photographer

1 2
1 2017年3月，我與美國駐聯大使妮基・海莉（Amb. Nikki Haley）在以色列駐紐約使團的第一次會面。海莉大使剛到任聯合國時就忽略慣例，率先安排與我會面。Credit: Personal photo library

2 在會議上與聯合國祕書長古特瑞斯（S.G. António Guterres）商議聯合國制定報告（UN reports）的機制。Credit: Personal photo library

1 2017年6月和海莉大使一同參訪凱里姆沙洛姆與加薩的邊境關口。同行的還有以色列國軍副參謀總長阿維夫・科扎維（Aviv Kochavi，前排軍裝者），以及海莉大使的高級顧問喬恩・勒那（Jon Lerner，後排右一）。Credit: Matty Stern/ U.S. Embassy Jerusalem

2 2017年6月，在海莉大使的以色列之行中，陪同她參訪哈馬斯所建造通往以色列的隧道。Credit: Matty Stern/ U.S. Embassy Jerusalem

1 2017年6月，陪同海莉大使前往李佛林總統（Reuven Rivlin）的官邸。Credit: Matty Stern/ U.S. Embassy Jerusalem

2 2017年7月在直升機上的自拍。這趟直升機導覽以色列之行的參與者，由左至右分別是肯亞、澳洲和加彭的大使。Credit: Personal photo library

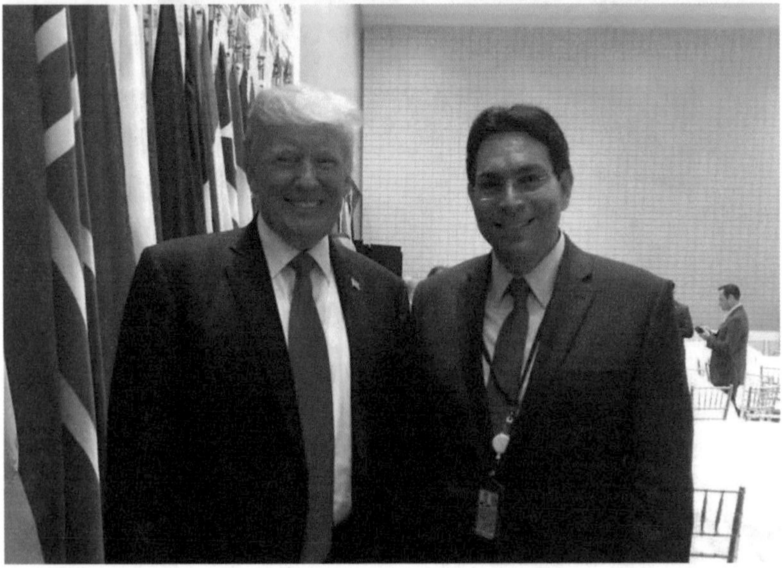

1 2017年9月，以聯合國大會副主席的身分主持年度會議。Credit: UN Photo/ Cia Pak

2 2017年9月，於美國總統川普（President Donald Trump）完成他在聯合國大會的首次演講後向他祝賀。Credit: Personal photo library

1 2017年，以色列總理納坦雅胡（PM Benjamin Netanyahu）在我所主持的聯合國大會中演講。Credit: Shahar Azran

2 2017年10月，聯合國安理會前的記者會。Credit: UN Photo/ Kim Haughton

1 2017年11月，美國副總統彭斯（VP Mike Pence）出席我們在紐約皇后博物館舉辦的聯合國「分割方案」表決重現活動，合影紀念。Credit: Shahar Azran

2 2017年12月，我在聯合國大會上展示古代的硬幣，證明我們與耶路撒冷之間永恆的連結。Credit: UN Photo/ Eskinder Debebe

1 1 在聯合國大會中發表演說。Credit: UN Photo/ JC McIlwaine

2 2 與我的妻子泰莉（Talie，左一）、兒子阿維德（Aviad，右二）、女兒希拉（Hila，前排左一）和喜拉（Shira，前排右一）一同接待到訪紐約的李佛林總統（右一）。Credit: Shahar Azran

1 將猶太教帶入聯合國。2018年3月，和我在聯合國的同僚盧安達大使（右一）共進逾越節晚餐。Credit: Personal photo library

2 2018年9月，在傳統的贖罪日（Yom Kippur）除罪儀式（Tashlich Ceremony）之前和聯合國祕書長古特瑞斯一同出現在鏡頭裡。Credit: UN Photo/ Evan Schneider

1 2

1 在聯合國安理會發表「聖經演說」（the “Bible Speech”）。這場強調我們對以色列土地永恆權利的演說在社群媒體上瘋傳。Credit: UN Photo/ Evan Schneider

2 2018年，在聯合國安理會開始前的最後一刻，與古特瑞斯祕書長（左一）及馬克宏總統（Emmanuel Macron，中）展開討論。Credit: Personal photo library

1
2

1 在聯合國大會主席的見證下主持第六（法律）委員會。我的當選開啓了一個先例，成為首位擔任聯合國常設委員會主席的以色列人。Credit: Personal photo library

2 2019年3月，我帶領聯合國大使代表團在波蘭奧許維茨集中營門口參與「生命遊行」（the March of the Living）紀念活動。Credit: Personal photo library

1 2019年5月，聯合國大使代表團自主參訪亞實基倫（Ashkelon）遭火箭攻擊的現場。照片中，我正在與亞實基倫市長托馬・葛蘭（Tomer Glam）談話。
Credit: Eyal Eliyahu

2 2019年在福斯新聞的電視攝影棚接受盧・道布斯（Lou Dobbs）的訪談。
Credit: Personal photo library

1
2

1 2019年，我商借柏格曼家族（the Bergman family）在紐約的居所跟非洲駐聯大使們聚會，分享以色列創新科技的故事。Credit: Personal photo library

2 了解以色列最好的方式就是來一趟以色列。此為其中一個到訪的聯合國大使代表團在西牆（Western Wall）前的紀念合影。Credit: Eyal Eliyahu

1 在乘坐直升機前往以色列北部邊境前，我與納坦雅胡總理一同向聯合國大使們進行簡報。Credit: Eyal Eliyahu

2 2021年10月，我應阿拉伯聯合大公國政府的邀請，參加杜拜世博會。Credit: Personal photo library

推薦序　認識以色列的新視角

二〇二二年一月我奉派來到特拉維夫接任駐以色列代表一職，抵達以色列的次日，我即與丹農大使（Danny Danon）會面。或許因為我與丹農大使兩人都曾在紐約服務，倍覺親切，甚或是因為台灣與以色列在國際組織的參與上長期面對不同的挑戰而彼此惺惺相惜，我與丹農大使一見如故。

丹農大使於餐會上熱情致邀參加由渠所籌組之「全球領袖使命訪團」（Global Leadership Mission），這個參訪行程得以進一步瞭解《亞伯拉罕協議》（*Abraham Accord*）對以阿關係的改善，乃至為中東地區和平帶來之意涵與貢獻。當時丹農大使已卸下駐聯合國大使一職，也未擔任任何政府職務，但當丹農大使談及籌組該訪團各項緣起以及駐節聯合國情形時，自言談中我深刻感受到他對外交工作的使命感與熱情。我除了敬佩丹農大使對推動外交事務的熱忱外，更堅信台灣的外交處境雖然艱辛，但台灣的外交官在面對各項艱鉅挑戰時，總能不卑不亢，德不孤必有鄰，台灣展現的自信、韌性與良善的力量將會贏得更多的友誼與支持。

二〇二三年是台灣與以色列相互設處三十週年，在政府與民間的共同努力下，台以經貿、新創與科技等各面向的合作關係互利互惠，也愈趨熱絡，潛力無窮。此外，雙方人民對彼此的好感度及好奇度持續累增，除了期待未來有更多的人民互訪，實地見證雙邊的發展與推促合作外，也樂見丹農大使的新書在台發行，提供台灣讀者認識以色列的不同視角。

李雅萍
台灣駐以色列代表

推薦序　敵意之海中的忠實盟友

膽量不大的人不適合在聯合國工作，那裡充斥著獨裁者、殺人犯和小偷，他們一邊詆毀美國和我們的友邦，一邊要求我們支付他們的帳單。能作為美國大使在聯合國推動改革，是一輩子難得的殊榮。我很高興能有機會和同樣肩負大使職務的好友丹尼・丹農一同並肩奮戰。

我剛到任聯合國就與丹尼會面。這非常重要，因為根據慣例，美國大使上任的第一場會議必須與安理會成員會面，其中包括俄羅斯和共產中國。但我希望擺在第一位的是我們的友邦以色列，而不是敵人。原因很簡單：美國一個月前在聯合國背棄了以色列。前任政府當時在是否譴責以色列設立屯墾區（settlements）的表決中棄權，那份充滿偏見、心胸狹窄的決議案也因此方得以通過。我希望透過此舉讓以色列知道，美國將重新支持他們。

我在跟他首次會面後馬上就知道我們未來將合作愉快。我們懷抱同樣的價值觀，包括捍衛自己的國家；我們都不信賴聯合國，很清楚這裡的規則並不利於我們珍視的原則；最後，我們都欣賞有話直說的作法。丹尼和我都十分清楚，我們必須非常努力才能在如此不利的環境創造正面的成果。

第一次會面時，我們詳細討論了美國棄權的糟糕決定。每當回憶那次表決，我不僅想起美國原本能夠阻止那令人難堪的表決結果，還會想起其他所有國家大使的掌聲，以及丹尼獨坐會議室、四面楚歌的落寞身影。在見面之初我就告訴他：只要我擔任駐聯大使，在安理會中美國必然會是以色列的盟友，而且美國再也不會再作出棄權這種決定。

我有許多次機會證明自己，而最重要的一次發生在上任後不到一年：二〇一七年，美國終於要貫徹推遲許久的決定，將駐以色列大使館搬遷到耶路撒冷。此舉引發我們預料中的反應：各國紛紛批評美國和以色列。安理會其他十四個成員國都投票譴責美國和我們的盟友以色列。但這項決議並未通過，因為我行使了否決權。那是我作過最簡單也是最棒的決定之一。

丹尼和我在表決前密切合作，也針對如何應對大使館遷址一案進入聯合國大會一事進行協調。我們的努力有了回報：一般而言，與以色列有關的表決只會有一成甚至更少的國家站在正確的一方，但這次幾乎有三分之一的國家選擇跟我們站在同一陣線。在聯合國的混亂舞台上這算是一大勝利，而丹尼・丹農是一大功臣。

我們的合作為美國和以色列爭取到了許多勝利。我們齊力呼籲各國對抗伊朗和失敗的核武協議、要求阿拉伯國家支付更多經費援助巴勒斯坦、推動將哈馬斯（Hamas）視為恐怖組織的決議，以及戳破聯合國毫不掩飾的反猶主義謊言。

我們非常重要的一次合作，就是改革聯合國人權理事會（Human Rights Council），這個名稱十分荒謬的組織。這個組織有一個針對以色列的常設議程項目，讓侵犯人權的國家們在攻擊以色列這個素行良好、捍衛自由的民主國家後能規避批評。我們很快就發現人權理事會那醜陋、虛偽的行事作風無從改變，於是以色列與他們切斷關係，美國也全面退出。

我和丹尼的合作帶來了許多良好的成果，我們發展出的友情也反映了兩國間的穩固邦誼。對我來說，結交到丹尼・丹農這位好友，是我在聯合國任職期間最棒的收穫之一。我從他那兒學習到許多關於以色列這個國家及其人民與傳統的知識。當我造訪以色列，他帶我搭乘直升機觀覽整個國家。在制高點上，他以全新的觀點帶我看見以色列面臨的難題——從那裡我們幾乎能看到整個國家，國土最狹窄的地方甚至不到十英里寬——他之所以如此努力地奮鬥，是因為國家存亡必須仰賴他的付出。

丹尼和他的太太泰莉（Talie）慷慨地招待我和我丈夫麥可（Michael）共進安息日晚餐。我們聊起以色列的歷史，一聊就是好幾個小時，包括這個國家面臨的危險、人民的勇氣——正是這份勇氣，讓以色列能一次次度過危機，而且越發堅強。這提醒了我丹尼在聯合國奮戰的原因：驅使他的動力不只是使命感，還有他對國家的愛；只要他還有一口氣在，他會盡一切所能保障以色列的安全。

毋庸置疑，以色列在丹尼的領導下變得更加茁壯、更安全。當我回顧在聯合國的時光，想到曾有機會與他密切合作，就感到自己十分幸運。但我也知道我們還有未竟之業——丹尼承諾將致力讓以色列向上提升，本書就是證據。以色列遭遇到的威脅和良機皆較過去任何時刻要來得頻繁，因此它與美國的聯盟關係對雙方而言比以往都更具價值。丹尼・丹農和我在聯合國的合作強化了兩國間的邦誼，我們會在這堅實的基礎上繼續努力。

妮基・海莉（Nikki Haley）

美國駐聯合國大使，二〇一七－二〇一九年

寫給台灣讀者

親愛的讀者：

這本書能夠在台灣出版及發行，我感到非常榮幸。

我衷心期待透過這本書，可以讓讀者們看見我的國家，以色列，所面臨的各種挑戰與可能的解方。我同時也希望這本書可以使人們更瞭解猶太人家園，同步展示以色列的成就，還有以色列人民的活力、成功、創新能力以及創業精神。

我在擔任以色列駐聯大使期間最重視的目標之一，就是盡力去接觸所有國家——無論大小——因為建立友誼在雙方的順境中很重要，在逆境中更是如此。

友誼會使雙方都發展得更好、更強大。極具歷史意義的《亞伯拉罕協議》（二〇二二年十月簽署），就是最好的證明，當時我穿針引線促成了多次祕密會談，也因此讓談判更加順利。以色列和中東地區溫和派阿拉伯國家簽下這個史無前例的和平協議，改變了區域中的每個國家，使整個區域往更好的方向前進，並帶來了持續增進的穩定與繁榮。

以色列最不缺的就是敵人，而這同時便意味著我們比其他人更珍惜朋友。對以色列來說，台灣就是「真朋友」。我們各自面臨著不同的挑戰，但我們可以努力促成合作和牢固的夥伴關係，並肩共同迎向未來。

今年是我們兩個民族間建立起友誼的三十週年紀念，我真摯地希望日後我們的友誼得以延續，而我們的共同成就也可以成長茁壯、開花結果。

丹尼・丹農

編按：《舊約聖經》的《但以理書》中記載，在瑪代人大利烏的統治下，先知猶太人但以理（Daniel）深受王的信任，其他王臣嫉妒、忌憚但以理，就說服大利烏下旨，在三十日內嚴禁任何人向王以外的任何神、任何人祈禱，若有違者將被丟入獅穴。但以理不理會禁令，仍然向耶和華祈禱，故而被丟進獅穴中。但耶和華派使者封住獅口，隔日但以理毫髮無傷地走出獅穴。大利烏即曉諭全國人民要敬畏但以理的神。獅穴（the Lion's Den）一詞即成為比喻危險境地的表達語。儘管華文讀者可能更習慣「龍潭虎穴」一類的比喻，但考量作者丹農本身的猶太教徒身分，在此保留原文書名的「獅穴」及其宗教典故。

丹尼・丹農致台灣讀者
Message to Taiwanese Readers

Dear Reader,

I am truly honored to have this book printed and made available in Taiwan.

I very much hope that it will serve to highlight some of the challenges my country, Israel, faces, and perhaps some of the possible solutions to these hurdles. I also hope it may cast a new light on the Jewish homeland and showcase Israel's successes, the energy and joy of its people, its innovations and its entrepreneurial spirit.

During my tenure as Israel's Ambassador to the United Nations, one of my goals was to reach out to all countries, big and small, because friendship is important, not only in good times, but most especially during one's time of need.

Friendship strengthens and develops both parties. This can without doubt be seen through the historic Abraham Accords, signed in October 2020, which I was instrumental in establishing in many clandestine meetings. The unprecedented signings of these peace agreements between Israel and the moderate Arab countries of the region have changed each country but have also changed the region for the better, bringing increased stability and prosperity.

Israel has no lack of enemies. But this means we cherish our friends even more. Taiwan is a true friend of Israel and although both Taiwan and Israel each face our own challenges, we can work on forming collaborations and strong partnerships to take us forwards together into the future.

This year we celebrate 30 years of friendship between our two peoples and it is my most sincere wish that our friendship will continue to flourish and our joint achievements to grow and succeed in the coming years.

Danny Danon

目次

第一章　以色列維持強大的重要性

以色列是世界的一盞明燈。

我開始構思本書時，二〇一九年美國選戰正打得如火如荼，以色列國內也在舉行選舉。美國和以色列人民在政治和社會上都面臨許多未知數。這兩個國家和全世界即將面臨一起前所未見的事件：一場讓多數民眾措手不及的全球疫情。二〇二〇年我還在聯合國工作，當新冠肺炎的影響逐漸浮現身邊時，我仍住在紐約。當時我滿懷信心，以色列將在醫療研究、疫苗開發，以及遠距學習、健康管理和安全系統相關科技——後疫情時代的重要課題——的尖端領域占有一席之地。[1]我是對的。

於是我覺得有必要勾勒出我對以色列富強未來的願景，《深入獅穴》即是這項工作的成果。我們是一個小國，但也是一個強國。我們和所有國家一樣有自我防衛的權利；我們位處世界上極具衝突風險的區域，因此有義務表現出民主國家的強韌性。

本書內容直白地描述了我在聯合國的五年，以及其他與以色列未來和國家安全相關的公共事務經驗。我不會隱瞞自己的所見、所聞、所為，也不會自我審查。透過本書，我將指出我們能夠、應該為以色列未來做的事情。這是我為這個強鄰環伺的蕞爾小國提供的策略藍圖，其中羅列我們為了維持國家的安全和實力必須持續進行的辛苦工作。雖然我也寫到占據頭版的重大事件或歷史時刻，但是我在完成的實際成果中所扮演的多是幕後角色，不太大張旗鼓，也不會被太多國際媒體的關注。維護國家實力和安全這個目標，是由各種大大小小的作為集合而成的。

我相信，本書中提到的全球交流、外交和對外政策原則將能帶領以色列往正確的道路前進。我會分享自己經年累月在第一線為以色列全球能見度努力的經驗，包括在聯合國勞心勞力的五年；我會分享驕傲和成功的時刻，也會分享失望與恥辱的經驗如何讓我更加堅毅。我在職涯的早期就在聯合國任職，這被許多人視為非正統的，因為許多前輩來到聯合國時已經走到政治或外交生涯的尾聲。但是我的情況並非如此，我來到紐約是為了促成改變，我想對世界展示我所相信的強大以色列之路。聯合國給了我舞台，我對此非常感激。我不僅證明了自己對以色列的願景是正確的，更闡明了只要投入熱情奉獻就能將這些願景付諸實踐。

旅程開端

要讓多個政黨齊心合作組成聯合政府，是個複雜、有時相當冗長的過程。二〇一五年選後就是如此，當時的總理班傑明・納坦雅胡（Benjamin Netanyahu, 1949-）花費七週時間協商，才鞏固了以色列國會（Knesset）[2]的多數席位優勢，接著他必須親自從自己所屬的以色列聯合黨（Likud）中挑選內閣人選。走進總理辦公室討論自己未來的職位是令人緊張萬分的經驗。無論你有什麼樣的抱負，都無法確知最後結果。總理有他的考量，而且可能和你自己的不同。

這並不是我第一次在這種情況下會見納坦雅胡總理，其實這已經是第三次了。第一次是在二〇〇九年，我剛被選進國會，並不預期自己會入閣——當年我才三十八歲，就以色列國會議員而言相對年輕——最後我當上了國會的副議長（deputy speaker of the Knesset）。四年後，我在政府和政治方面累積了相當經驗，而且在黨內非常受歡迎。因此，我在黨內初選的排名中在前五名之列，這顯示出聯合黨的支持者希望我擔任部會首長。

總理在那次會面中告訴我，雖然我很受歡迎，但他沒辦法提名我入閣，因為這樣會使被略過的資深黨員不快。我對此並不買單。我提醒總理道，當年他當選黨主席時也很年輕，那時候的他並沒有去理會資深成員的情緒。不過最後我還是接受了他的提議，出任以色列國防部的副部長，我知道這個職位的歷練十分有助於自己未來的發展。我堅信自己在下一屆政府中將進入部長的候選名單。

二〇一五年選舉結束後，總理再度召集黨內得票最多的人，討論每個人未來的職位。如我所說，總理決定內閣人選時，氣氛總是充滿焦慮。僧多粥少，決定每個職位的人選絕非易事。儘管納坦雅胡總理任命內閣的經驗豐富，但是最後一刻總是會出現出乎預料的狀況，通常至少都會有一、兩位資深黨員對結果不滿。

當輪到我跟總理討論未來的可能職位時，我提到自己對處理以色列的某些社會問題感興趣，想要成為社會福利部（the minister of welfare）部長。我在擔任國會移民與收容委員會（the Committee of Immigration and Absorption）主席時便經常要處理這類艱鉅事務。我認為自己的政治影響力、經歷和領導技能，可以用來幫助那些通常意見不被重視的人們。

納坦雅胡總理本以為我會要求外交相關的職位，所以對此感到相當意外。總理馬上告訴我，他已經將社會福利部的職位許給了我對福利事務與工會有多年經驗的同事。總理覺得我更適合另外一個職位。基於我的國際事務領域背景和經驗，他覺得我可能會想擔任以色列的駐外大使，但他沒有指明地點。我國在全世界有數十個大使館，所以任何地方都有可能。

我開玩笑地跟他說：「你為什麼想把我送到離你那麼遠的地方呢？」但他沒有笑。在新政府於當天晚上宣誓就職之前，他還有許多政治問題要解決。他與其他政黨所組成的聯盟在國會裡只占六十一個席次，他必須鞏固每一張票。當時我已經知道有些同事不滿他分配的職務，甚至有一個人已經宣稱自己可能不會出席投票，還有另一個人在投票的幾個小時前進了醫院。於是我決定不要再考驗他的幽默感了，並且告訴他，我唯一願意考慮的外交職位是在聯合國代表以色列，就算如此也還是得先跟家人討論。他說：「能有這樣的經驗，你的家人會很感激你。」（後來的結果證明他是對的。）同時，我們也說好在前往聯合國之前，我將會接任科技部部長（minister of science and technology）一職。

下一步是和我太太泰莉討論。長久以來，她都支持我實現政治抱負，但這次不太一樣。搬到曼哈頓對她和我們三個年幼的孩子會是巨大的改變。我們必須離開在莫夏夫（moshav，以色列的一種農業社區）的家，從田園和綠樹環繞四周的環境搬到充滿摩天大廈和人行道的紐約市。當時我確信這會是很有趣的挑戰，可以在第一線參與以色列對外政策、會見國家元首等國際要角。我主要把這次任務視為機會，能在國際舞台上拓展以色列的利益，並化解國際社會某些成員對以色列根深柢固的負面觀感和敵意。

對我的家人而言這並非簡單的決定。我費了一番功夫才說服泰莉，讓她明白這次遷移背後所能夠帶來的許多新機會。當時我們的兒子阿維德（Aviad）十四歲，女兒希拉（Hila）和喜拉（Shira）分別才十歲和八歲。泰莉和我討論了各種可能的挑戰，包括語言隔閡和放棄以色列平靜生活後所要面對的種種未知變數。當時，我還有辦法在不讓家庭捲入政治紛爭的情況下扮演好公僕的角色。但情況從此將有所不同，前往聯合國絕對會以我無從預測起的方式改變我們的生活。最難熬的是離開我的母親和泰莉的父母，他們和孫子們的感情很好，在他們的成長過程中扮演重要角色。我每一次的選戰他們都幫了很大的忙。我想過帶他們一起到紐約，但這是不可能的。我們知道每個安息日（Shabbat）[3]晚餐，孩子們都會深切感受到他們的缺席。這是到紐約生活所必須付出的沉重代價。

我和太太都知道世事難料，所以決定在職位真正確定下來之前，暫時不跟孩子們討論這件事。眾所皆知，總理經常在最後一刻改變心意。

與總理會面過後一週，他突然緊急召見我。我走進他的辦公室時，看見他和首席顧問坐在一塊，面前擺著我的第一本書《以色列：獲勝的意志》（*Israel: The Will to Prevail*）。總理開頭便表示他很擔心歐巴馬（Barack Obama, 1961-）政府對我的任命會有什麼反應，想對華府可能會有的反彈作好準備。總理早已公開採取與歐巴馬政府對立的立場，所以任命我擔任聯合國大使並不是什麼意外之舉。我的第一本書中有對歐巴馬政府的嚴詞批評，但我的批評都有憑有據，特別是針對他們期望以色列單方面地在猶大－撒馬利亞區（Judea and Samaria）停止建設這件事。

總理和他的高級顧問（senior advisor）鉅細靡遺地閱讀了整本書，檢視他們認為可能有問題的地方。他們確認了我並未使用極端的語言，而且論點都經過審慎評量。我們因此取得共識：即便美方有任何反彈，我方也有辦法提出恰當、前後一致的回應。我離開辦公室時，依然感覺到總理很憂心美方對我的任命可能會作出的反應，但我確信他不會反悔。我非常瞭解總理，他每次作決策都是如此。有人說他杞人憂天，但我覺得作好萬全準備總是更有保障。

老實說，總理會覺得我適合出使聯合國，就是認為我能讓聯合國中對我國懷有敵意的人感到芒刺在背。他知道我無所畏懼、從不放棄，而且英語流利。多年合作下來，他瞭解我在意識形態議題上非常強硬。他對聯合國相當熟悉，也相信我有能力改善聯合國對以色列的態度。有人說總理是顧忌我在黨內的高人氣，所以才把我趕出政府。我無從得知他指派我的真正原因，但我永遠感激他給的這次機會，讓我能在國際舞台上代表國家，帶領以色列取得諸多成就。

一個週五早晨，我在猶大曠野（Judean desert）中健行時接到總理的電話。他要我作好準備，趕在聯合國大會召開前出發。我的任命案宣布後，泰莉和我知道當晚必須召開家庭會議。孩子們的反應正反交雜。他們固然十分興奮可以搭飛機去美國，但我覺得他們還沒意識到必須在那裡待五年。我們最小的孩子喜拉則是完全高興不起來，她不斷想說服我：「那是你的工作，你自己去就好，我要和奶奶、外公、外婆留在以色列。」儘管挑戰重重，我覺得這對我的家人而言是正確的決定，我們有了更緊密的連結，並且共同克服許多障礙。

聯合國大使一職讓我有機會發表自己對以色列的看法，還有以色列作為強健主權國家繼續存在的重要性。儘管有人對聯合國的重要性或有效性抱持懷疑態度，我仍然相信若要為以色列發聲，確保國家有豐饒、繁榮、安全的未來，它是不可或缺的平台。要在聯合國或任何地方達成這個目標，就必須直截了當——我可以充滿自信地說，我確實做到了這點。

有些人覺得我的背景和強烈的意識形態會讓我無法融入外交的世界；我太過鷹派、強硬（hardliner）的立場，會讓我難以建立關係或者達成任何實質成果。在我離開以色列前往紐約前，多數媒體上的批評大抵如此。《以色列時報》（*The Times of Israel*）說我的任命案「令人憂鬱」；[4]《國土報》（*Haaretz*）列出六個我令人擔憂的理由；[5]《耶路撒冷郵報》（*Jerusalem Post*）認為總理任命我，是想對國際社會宣告他根本不在乎他們。[6]美國媒體對我的質疑也毫不遜色。彭博新聞（Bloomberg）費盡心力描述我的任命案有多「不尋常」，[7]《紐約時報》（*New York Times*）則是懷疑一個「右翼人士」（right winger）在聯合國能有什麼建樹。[8]

我在聯合國達成許多前所未有的成就後，某些在我上任時大肆批評的美國媒體針對他們當初的質疑公開向我道歉，這點我必須向他們表示敬意。但批評我的以色列媒體就沒有那麼坦率了。他們從未向我道歉，我也不指望他們道歉。

願景成形

本書所提出關於以色列對外政策和以色列未來的看法，是在我擔任猶太復國主義（Zionist）運動者、以色列國會議員、國防部副部長、內閣成員，以及以色列駐聯合國大使的種種經歷中逐漸精煉而成的。然而，這些看法早在我投身公職前就已經成形，而且隨著時間的推移，我的立場愈加堅定。我的人生故事與政治生涯密不可分，兩者互相影響。我出生於一九七一年，當時以色列正值動盪時期。我在拉馬干（Ramat-Gan）的童年雖然充滿了家人的愛，但外界的紛擾卻是持續不斷。

我出生那年，巴勒斯坦解放組織（Palestine Liberation Organization, PLO）遷移到黎巴嫩，在該國領土上建立事實國家（de facto state）。那裡成為了其他國際恐怖組織的基地。一九七三年贖罪日戰爭（Yom Kippur War）爆發時我還是個幼童。一九七五年，聯合國通過決議，將猶太復國主義與種族主義劃上等號。這項決議在一九九一年遭到廢除，但此舉為以色列和以色列人民招來了更多的敵意。

誰能想到數十年後，我竟會成為猶太復國主義和以色列的和平戰士、中東和世界民主自由的指路人呢？我父親，已故的喬瑟夫・丹農（Joseph Danon）曾於以色列國防軍（Israel Defense Forces, IDF）特種部隊服役。在一九六七年到一九七〇年期間，作為後備軍人的父親每六個月就被徵召一次，參與了六日戰爭（Six-Day War）和以埃消耗戰爭（War of Attrition）等多場戰役。六日戰爭後，以色列經歷了一段非常緊張的時期，當時，恐怖分子從約旦滲透以色列，年方二十九歲的父親不得不拋下年幼的兒女和剛開幕的電氣事業，和朋友們一起加入以色列頂尖的偵察單位。

在約旦河谷與準備襲擊平民社區的恐怖分子交戰時，我父親頭部受了重傷，這導致了困擾他餘生的傷害，包括聽覺完全喪失和多種肢體障礙。但他是為以色列的理想犧牲奉獻的戰士，從小耳濡目染之下，他的愛國心讓我也對國家充滿熱忱。我理解到強大而安全的以色列對猶太民族未來的重要，這樣的想法雖然長期以來不時受到質疑，時至今日似乎已是主流意見。

在我看來，我父親喬瑟夫的故事就是以色列建國之路的縮影，同時也是形成我對外政策觀點的重要脈絡，因為它與我們的國家安全有關。一九四〇年，我父親出生於埃及亞歷山卓（Alexandria）一個支持猶太復國主義的傳統猶太家庭。他們一直都想搬回以色列，但這個想法直到以色列建國方得以實現。我的家人長久以來都在夢想著以色列對埃及的猶太人敞開大門的那一刻到來。我父親的伯父奧維迪亞・丹農（Ovadia Danon）在埃及的時候就深入參與了猶太復國主義運動，這在當時是違法的，而且相當危險。他是我們家族中最早到開羅上大學的人，並且也是第一位進入新猶太國家情報單位服務的人。

以色列建國後，我的家人在埃及的處境愈發艱難，因為當地對猶太人的觀感變得充滿敵意。一夜之間，亞歷山卓這座國際都會包容四海的胸襟不再，開放、充滿生命力的氛圍轉為滿滿的惡意，猶太社區的生活從原本的多采多姿變得充滿恐懼，所有人都想著要離開。對想移居的猶太人來說，可選擇的目的地很少。對我祖父母而言，目的地除了以色列不作它想。儘管以色列親戚寄來的信寫到新移民在這新國家的篳路藍縷，他們依然毫不猶豫。他們拒絕了移居法國的邀請，開始計劃前往以色列的旅程。

為了前往以色列，我父親一家搭船從埃及前往義大利。父親的綽號叫喬喬（Jojo），他是長子，當時年僅十歲。從離開埃及那天起，他就覺得自己有義務照顧家人。他們搭的船要駛往義大利布林迪西（Brindisi）的轉運營地（transfer camp）。父親一家人在船上遇到了一對膝下無子的義大利夫妻。他們提議要收養喬喬，因為他面容端正，個性又友善。父親不知道這個提議是否出於真心，但他一直都記得這件事。

當時他大聲告訴那對義大利夫妻，他只打算去以色列，而且他肩負著幫助家人的使命。

我祖父原本在埃及一家不錯的印刷公司工作，現在他們一家卻必須拋下財產和回憶，並與許多朋友道別，身上只帶行李箱。我祖父母願意冒著失去一切的風險離開埃及，這證明對他們和其他許多走過這一段路的猶太人來說，重返猶太民族故土的意義有多重大。他們原想一九四八年前就離開，但在那當下是不可能的，因為在以色列建國前，英國託管當局（the British Mandate）[9]限制不讓人們移民以色列。

他們對前往以色列滿懷熱情、期待和憧憬，但現實狀況非常艱苦。實際上，以色列在建國之初，只是個試圖在寥寥幾年內吸收許多貧困猶太人的貧窮國家。抵達以色列後，我父親一家和其他家庭一起來到一個臨時遷徙營——基本上，就是一個位於荒蕪之中的難民營。他們在那裡過著苦日子，等待被送到可以定居的地方。對於住過亞歷山卓這個各種便利應有盡有的發達大都市的人來說，那是巨大的文化衝擊。離開熟悉繁榮的地方、投身完全的未知當中，並不是一件容易的事情。

不容易的其中一個層面是，物質層面的拮据十分難熬。他們沒有水電可用；原本住在有家庭幫傭的房子，現在只能住帳棚，這對原本興高采烈的他們絕對是一記當頭棒喝。父親告訴我，他是怎麼幫他父親搭建帳棚為家，又是怎麼竭盡所能才讓帳棚不會在風雨中倒塌。生活所有大小事，包括煮飯、學習、吃飯、睡覺，全都在那頂帳棚裡進行。

他們接下來被送往的定居地（permanent location）也好不到哪裡去。他們被轉移到奧爾耶胡達（Or Yehuda），一座位於特拉維夫（Tel Aviv）附近的小鎮，他們在那裡一樣住帳棚，後來才搬進一棟上有鐵皮屋頂，地面為泥土的小木棚（wooden shack）。他們必須把屋外茅房當成家裡的浴室使用。小屋夏熱冬寒，我父親就在這沒有隔間的小屋裡長大，在那裡睡覺、讀書、煮飯。儘管過得貧窮，他們依然對能參與建立猶太民族國家這項奇蹟滿懷感激。喬瑟夫認識了一群來自土耳其的新移民，與他們成為了最要好的朋友。他熱愛學習和閱讀，也愛在國內四處旅遊。因為家境貧窮，他不得不在十六歲時輟學去找工作來幫忙養家。他很喜歡上學，但在當時的狀況下，教育是種奢侈品。儘管如此，他還是竭盡所能地閱讀、四處遊歷。從軍是他的下一個機會，他在菁英步兵單位中成為數一數二的領航員（navigators）。

喬瑟夫從軍後遇見了來自以色列各地的同齡人。以色列軍隊是個大熔爐，他被分派到特別偵察單位，那個單位有很多長官都是來自以色列的基布茲區（Kibbutzim，一種集體社區）。有一個週末，有個長官開軍用吉普車載他回奧爾耶胡達，長官看到我父親一家的小屋和生活環境大為震驚，他很訝異以色列竟然還有人過這樣的生活。這樣宛如國中國的聚落一直到一九六〇年代都還存在。我的家人很勤儉，並且認真工作來維持生計，一直到多年後才有辦法住進附近的公共住宅。

小屋在許久以前就已被拆除，但是公共住宅還在那兒。我父親和他的兄弟姊妹後來各自從軍、上學、建立自己的美滿家庭。儘管成長環境十分艱困，他們依然保持樂觀，期盼著未來，而非自怨自艾於當下的困難或過去的悲傷。

我曾帶自己的孩子拜訪父親小時候住的地方。我記得在他的回憶中，那是個充滿溫暖和快樂的房子，但當我的孩子們實際到了現場，他們無法想像住在這麼小的公寓裡，一家七口要共用一個迷你廚房和一間臥室。我祖父母的世代克服了無數的挑戰，他們只要有機會報效祖國、與其他猶太人一起建立祖國，就感到歡欣鼓舞。

我和父親的感情很好，兩人一起出門時，我經常擔任他的翻譯、他的耳朵，並代替他發言，因此我們有很多相處的時間。我在他身上學到了兩個形塑我對當代以色列願景的重要真理。

第一個真理是要瞭解我們與以色列這塊土地的連結。知曉一個地方的歷史固然重要，然而此外我們還有更多必須要知道的。你的知識、根源還有和土地之間的連結，都將因為瞭解當地的地形地貌而更加深化。我父親儘管有嚴重的肢體障礙，依然能帶我認識以色列的地區、步道、小徑和考古遺址。以色列面積將近八千平方英尺，地理特色相當多元，南邊有沙漠，北邊有頂峰終年積雪的高山。我父親身體力行，透過實際行走以色列來認識這片土地、我們真正的家園，並且將知識傳承給我。他從軍負傷前曾經到處旅行，對這塊土地非常熟悉，探索了從南到北的所有河谷和山脈。他的軍旅生活十分精實，一週經常要走上百英里。

他受傷後再也無法健行，於是我自己出門欣賞這塊土地的美。每次旅行回家後，我都會跟父親描述我的所見所聞。他無法與我同行，但我們透過這個方式聯絡感情。我們會一起回顧健行途中的經驗，我就是他的眼和腳，而他會靜靜聆聽，並跟我分享下次健行時可以嘗試的新方法。到了我十二、三歲時，我對土地和相關的故事的認識已經與他不相上下。於是，我在以色列境內，無論是在大路或者小徑都無需仰賴ＧＰＳ來辨認方位。我對這塊土地的認識強化了自己保護屬於我們事物的決心。

第二個重要課題是表態的能力。父親給了我大聲發表意見的信心，他教我永遠不必羞於表達自己的想法或決心。父親克服了許多的困難，包括人們看到他在戰爭中受的傷時出現的反應。他的傷讓他無法好好說話，也聽不太到，所以他每天都必須面對溝通失敗或誤會。因為他什麼都聽不見，沒辦法進行傳統上的對話，所以我經常擔任他的翻譯。我跟他說話時速度很慢，好讓他讀我的脣語。我會陪他去銀行或其他地方，代替他說話，並讓他瞭解當下的狀況。這個經驗讓我得到勇氣，不畏於發聲、詢問，甚至在必要時與人爭辯。

他大可躲在家裡，但他沒有這麼做。他即便身體不好也依然讓自己保持忙碌，只要狀況許可仍出門工作。讓我印象深刻的一段回憶，就是他在報上刊登廣告求職。他服完義務役後，在戰場上受傷的幾年前，曾經開過一家工業電氣公司。那家公司生意興隆，他曾經爭取到一些報酬豐厚的建築案，但不久後他再度被徵召入伍，然後就受傷了。康復回到家後，他相信自己基本功還在，有辦法做簡單的電氣工作。但他的傷勢傷及神經，影響了他的工作能力。

有天我接到一通電話，有人有電氣問題需要解決，父親說他想嘗試看看。我幫他提著工具箱一同到社區裡的一棟房子。他表現得很糟糕，讓整棟房子都停電，但我並不覺得丟臉，反而對他勇於嘗試感到驕傲。他這麼做不是為了錢，而是為了保持忙碌、為他人貢獻。這次經驗，還有父親為了作出貢獻而做的其他勇敢行為，對我人格影響深遠，也造就了今天我對於以色列世界地位的強烈立場。

因此，我不害怕別人對我的觀點、言語和行為有什麼看法，也不會吝於表達。父親教會我良好的工作倫理和堅定的信心，給予我推行理念的力量和毅力。這讓我在必要時成為可畏的對手。父親會告訴我：「如果你有話要說，說就是了。」如果我相信一個想法，我不該羞於承認或分享，也不應該畏懼拳頭比我大、嗓門比我大，或者比我受歡迎的人。因為站不住腳的理念轉瞬即逝，而堅實有根據的理念定能恆久流傳。

展望未來

以上內容和我對當代以色列的願景有何關聯呢？就對付懷有敵意的對象或惡霸國家而言，我跟許多以色列同胞一樣，採納我父親和梅納罕・比金（Menachem Begin, 1913-1992）等英雄的戰士心態，比金是首位與阿拉伯國家簽訂和平協定的以色列總理。

作為一個相對年輕的國家，以色列的對外政策淵遠流長。在一九四八年正式建國以前，我國的對外政策已經發展了至少一百年；長久以來，其重點都是維持我國在區域和世界上自治和獨立的地位。執行、達成和維護關鍵目標的方式，會因為領導人和其他利益關係人的更迭而有所不同，但有七個關鍵原則永遠維持不變：(1)建立並維繫一個主要由猶太人口占據的「猶太民族的領土」；(2)建立強健而自給自足的經濟體；(3)尋找、維繫策略同盟以及國際伙伴和價值觀一致的國家的支持；(4)培養「絕不重蹈覆轍的心態」（never again syndrome），亦即猶太民族再也不會無力抵抗外敵；(5)因應我們特殊的地緣位置，建立因時制宜的國防政策，並輔以專業的人民部隊；(6)確保水資源、食物和燃料等必需品供應無虞，以維護國家健全；還有(7)敦親睦鄰，盡可能尋找潛在伙伴，以消弭區域性威脅。

本書列出了達成以上目標的方法，包括為以我們的歷史文化為榮；絕不為身為猶太人而道歉；利用科技和創新搭建友誼的橋梁幫助他人；維持與全世界的積極交流；善用現有的工具，並尋找、開發新工具；直接跟各式各樣的國家與個人合作，建立有良好收穫的關係，協助對方敞開心胸，改變對我國的負面觀感。

我的願景來自我自己身為公僕、復國主義者和外交官的經驗。要達成願景或影響他人，就必須一步步地傳播知識、建立意識。這是一項長期工程，透過數以百計的會議和電話、結識新朋友、建立信心和對他人伸出援手來完成，無論是協助大使館搬遷到耶路撒冷或其他成功事例，有許多重大突破都是在幕後悄然開始。

所有人都該關切以色列的未來，原因很多。除卻《聖經》或宗教上的原因（我們的國土對世界主要宗教是很重要的聖地），以色列因為位於民主政體稀缺的區域，可以作為民主國家實力和價值的模範。我們在鄰近區域所面臨的現實、挑戰以及我們採取的應對措施，不論對現實或網路世界中面對極端分子的人，都是可供參考研究的個案。這類攻擊一開始是針對以色列，但會逐漸蔓延到其他民主國家。即便是最嚴厲批評我們的人都會承認，地球上沒有比以色列更懂得緩解和抵禦各類型威脅的國家。

以色列能提供大型民主國家無價的戰略價值，因為我們的科技優勢和人力情資能力勝過中東任何其他國家。我們非常瞭解周遭的國家和威脅，也樂意分享知識和情報。我們知道怎麼跟好鄰居和惡鄰居打交道，也有辦法向身陷危機的國家示警與合作，共同抵禦企圖傷害我們的人。例如有次我們得知有人預謀攻擊數千英里外的一架澳洲飛機，這個情報遏止了無數人喪生的悲劇發生。這還只是我國情資阻止恐怖攻擊的其中一個例子。

以色列軍隊有專業的現役士兵在第一線保衛國家，後備軍人的人數是現役軍人的三倍，更有隨時願意共赴國難的平民。這就是一支可以迅速動員的人民軍隊。

我們比任何國家都更懂得如何預防戰爭，而在別無選擇的情況下，我們也比其他國家都懂得如何作戰。我們以行動制止敵方軍力和暴力行為在邊境區域造成的極端情境；我們監控國界，保護平民不免受來自北方和南方的敵方代理人的威脅。

我們持續呼籲國際社會正視伊朗的核武威脅。除了在外交方面努力，我們同時也讓軍隊作好準備，在必要時阻止伊朗取得核彈。

我們的創新和創意不僅只是應用在國防科技上。儘管我國國土面積僅相當於紐澤西州，人口數不到九百萬人，[10]而且幾乎沒有任何真正的天然資源，在納斯達克上市的以色列公司數量依然高居世界第三，僅次於美國與中國。我國培養科技人才的成就在全世界是首屈一指的，證據就是美國有許多大型科技公司都在以色列設立研發機構，包括谷歌（Google）和英特爾（Intel）。我接下以色列駐聯合國大使這份工作時就知道，只要我能向大家展示出我們竟能在這麼短的時間內達到這麼多成就，他們一定會對以色列完全改觀。

以色列人運用現代科技對現有產業進行革新，並根據各種演進中的國際需求創造新的產業。以色列憑著自己的膽識和企業家精神，在全球的高科技、農業到製造和觀光等產業名列前茅。在全球所有農業創新成果中，沃卡尼中心（the Volcani Institute）[11]等以色列尖端機構的產出所占的比例便高達百分之七十五。以色列的成長速度穩定勝過其他大型已開發國家；我們的人均資本投資額比美國多出二點五倍，而且是中國的八十倍。

以上所述在在說明，以色列與其理念、原則和充沛的智識資源（在極短的時間內，幾乎是從零建立起來，我父親的故事可作為證明）值得保護、培育和效仿。我在本書中分享自己的故事與其中的關鍵時刻，因為它們形塑了我對以色列未來的願景。我將竭盡所能，繼續努力實現我的願景，不管是透過書寫、投身運動或擔任公職。

本書會分享我如何透過諸多交流行動將以色列的經驗轉移給他人。並非每次行動都能成功，但這是一個持續不間斷的過程。

有時候領導人作出艱難抉擇並非為了取得短期的政治、經濟或社會利益，而僅僅因為這麼做是正確的。負責制定政策的領袖們不該被當下一時的流行迷惑。我永遠忘不了二〇一六年的十二月，聯合國安理會在歐巴馬政府的尾聲通過了譴責以色列的決議。美國過去通常會對這類決議行使否決權，但這次他們讓決議通過了。我滿懷屈辱，但學到了一個教訓：以色列必須維持原有的方向，堅守自己的原則和目標，維護國家主權和自主自治，並瞭解這次挫敗並不是旅程的終點，只是道路上的一個阻礙。

這份公職讓我有機會見到許多人，但聯合國本身卻是個時常令我感到孤立無援的外交戰場。儘管有許多朋友與盟邦，但是說穿了，以色列仍然是孤獨的。我們必須確保自我防衛的能力，而不只是仰賴實力強大的盟友。在聯合國，我曾成功搭起橋梁、組織聯盟，並贏得具有影響力的重要席次，但到頭來，你永遠都只能仰賴自己。這個說法似乎自相矛盾，卻是我不得不強調的真理。我永遠記得令人懷念的艾利・魏瑟爾（Elie Wiesel, 1928-2016）在某場會議結束後對我說過的話：「比起盟友的諾言，我們更應重視敵人的威脅。」

正是像這樣的時刻，會讓我想起父親從小灌輸給我的信念、堅持和相信自己的重要性。有三段重要的回憶能說明我擔任公職時抱持的價值觀。第一段回憶是父親講述自己的童年，移民到這個新生國家的故事。與他們從零建立新生活的辛苦相比，我經歷過的所有磨難都難以望其項背。

第二段回憶是關於積極主動地聯絡他人（reach out）、建立溝通橋樑（build bridges）和結交朋友。在一九六〇年代早期，父親在服完義務役後到世界各地遊歷，也去了歐洲許多地方。不管到哪裡他都能交到許多朋友。聽他講述這些故事，讓我也渴望出門旅行瞭解各地文化，並盡可能結交各種朋友。第三段回憶是他的負傷對我產生深遠影響，讓我有能力克服各種難關。當然，我親眼見證傷勢帶給父親的結果，因為他的生活大小事都必須由我幫忙，但他從未抱怨，也從不後悔。要是時間能重來，即便知道自己會受重傷，他也願意再次從軍。

無論路途中大小征戰的勝敗，在我對未來的願景中，以色列都必須採取樂於交流、積極主動的姿態。即便遭遇困難或僵局，只要堅持信念、採取積極態度並作出回應，就一定有辦法克服。對外政策的施行並非侷限在聯合國或以色列國會裡頭，更不只是由外國領袖在奢華的辦公室或外交機構中決定，同時也落實在各式各樣的日常情境中。以色列的未來必須積極主動，必須把握每次機會表達、接納這樣的政策。支持以色列富強的理由必須以實際、平易近人的方式說明。把眼光放得長遠，堅持和決心會是成功的關鍵。本書將探討以色列要如何維持現有方向、確保其世界地位，並解釋我們採取這個路線已經達成的目標，和可預期的未來。

第二章　贏家心態

要贏，就要先上場。

贏家心態是所有成功對外政策的基礎。所謂的贏家心態，就是眼中沒有無法克服的挑戰和障礙，認為世上沒有不可能。以色列首任總理大衛・班－古里昂（David Ben-Gurion, 1886-1973）曾說過：「要在以色列當現實主義者，你必須相信奇蹟。」[1]歷史教導我們，想在挑戰繁多、毫不間斷的環境中尋求和平與安全，作決策時就必須抱持這種心態。英國戰時首相溫斯頓・邱吉爾爵士（Sir Winston Churchill, 1874-1965）就是把贏家心態當作政見，甫一上任便宣告自己「絕不投降」（no surrender）的立場。

一九四一年十月二十九日，他在卸任後受邀到大學預科學校哈羅公學（Harrow School）的畢業典禮發表演說。演說內容簡潔扼要，包含以下這句名言：「永不屈服、永不屈服。無論事大事小、重要或瑣碎，永遠、永遠、永遠、永遠都不要屈服。除非是出於榮譽或理智，否則永遠不要屈服。永遠不要向蠻力或看似勢不可擋的敵人低頭。」[2]此即贏家心態的精髓。我們會堅持下去，不會因為太辛苦，或為了尋求輕鬆而屈服，更不會因為結果似乎只會帶來衝突而放棄。

我在擔任以色列駐聯合國官方常任代表（更常用的名稱是以色列駐聯合國大使）的五年內經歷了各種事件、達到許多成就，也經常感到失望，我體會了各種激昂情緒，令人歡欣鼓舞和痛徹心扉的都有。接下這份工作時我很清楚這不會是我永遠的工作，雖然擔任大使期間面臨的挑戰和攻訐時常讓我覺得度日如年。儘管如此，我仍然取得了正面的收穫與進展，有許多公認不可能辦到的事都在我任期中首次達成。我獲選聯合國法律委員會（the UN Legal Committee）主席，這是我國從一九四九年入聯以來首次有大使擔任委員會主席。我以前所未見的方式將猶太文化帶入聯合國，像是協助爭取聯合國食堂供應潔食（kosher food）[3]、推動聯合國承認並慶祝猶太節日，並採購以色列的創新產品。我以聯合國大使的身分參訪阿拉伯國家，這不管在歷史或我個人的層面上，都是相當非凡的成就。儘管我的行程必須保密而且受到高度維安戒備，我們依然搭起了友誼的橋梁，培養對彼此的瞭解。

考量到聯合國長久以來對以色列懷抱的敵意，上述成就可不容小覷，它們也突顯了對外政策和全球交流在我心目中的重要目標，也就是善用所有既有的工具和管道促進以色列的利益，證明以色列和全世界的利益一致。不管全球政治和政策如何變幻，這是以色列邁向成功未來的唯一路徑。我們必須堅定不移。

為了讓以色列邁向富強，領導者經常必須果斷拋下傳統規則的枷鎖。我們必須在一切看似悲觀的環境中保持樂觀，抬頭挺胸、直視敵人，並正面迎接衝突以及看似無法撼動的思維模式。這絕非易事，但總好過我們將掌控權拱手讓人後，只能在後頭苦苦追逐飄忽不定的政治風向。這種作法只是事倍功半。

我在以色列外交領域最操勞、壓力最大的職位上待了五年，與兩屆美國政府、三任美國駐聯大使合作，我發現自己處境絕佳，能接觸世界強權與各國領袖，親眼見證他們的脆弱與光榮。我見證的不只是關乎全球利益的重大議題，也在個人的互動中間目睹了各種人性。在許多層面上，後者更有益於我們思索以色列的未來。我們必須在艱困環境中求生存，在聯合國這種蠻不講理的地方求勝，對抗敵對國家的外交官，並與公、私領域中理念各異的人們直接溝通。

在我國土地上安居樂業的權利，是我對以色列未來願景中的不變常數，所有目標相同的同志也都該懷抱相同的理念。對以色列未來的任何想像必須扎根於一路上取得的大小勝利，我們不應因一時的挫折而感到氣餒。我從父親身上學會堅忍不拔的態度，他為國家上戰場而受傷，因此面臨許多難關，卻從來不曾動搖或感到沮喪。對我的家人來說，一年中最重要的日子是「以色列陣亡將士和恐怖攻擊罹難者紀念日」（Yom HaZikaron）。這天對我來說意義重大，每年的紀念日都讓父親激動萬分。他因傷失聰，聽不見紀念日相關事件的新聞報導。儘管如此，他依然盯著電視不放，看著典禮進行，閱讀螢幕上出現的陣亡男女姓名。

我一直不清楚，他會那麼激動是因為想起失去的朋友（他有許多朋友喪命沙場），還是因為身上的傷讓他想起在戰爭中付出的慘痛代價。或許兩者都有吧。他二十九歲時遭遇到一顆手榴彈在他腦邊引爆，從許多方面而言，他的人生也就在此劃下句點。當直升機把他從約旦河谷載到耶路撒冷的哈達薩（Hadassah）醫院時，他已喪失了原有的人生了。但他總是強調，為了國家獨立，付出任何代價都應在所不惜。我完全沒有預料到，他的這份情操會對我在聯合國的工作產生重大影響。

舞台就緒

聯合國第二三三四號決議的故事可以說明貫串本書的大觀念。二〇一六年十二月二十二日，紐約天氣晴朗，但寒風刺骨。平安夜就快到了，許多聯合國大使早已搭機返國與家人共度假期。我的家人正期待著難得的假期。紐約的冬天在我孩子們的眼中荒涼蕭索，與他們習慣的以色列溫暖藍天截然不同。我們迫不及待要離開曼哈頓，到晴朗的波多黎各過光明節（Hanukkah）[4]。我安排家人與當地的哈巴德（Chabad）[5]拉比（rabbi）曼德爾・札奇（Mendel Zarchi）共進安息日晚餐。一切都安排好了，大家非常期待。我們搭的飛機在波多黎各降落，我打開手機，看到一個穆斯林國家的駐聯大使要我立刻打電話給他。

我一下飛機就在登機門打給他。他說，美國和其他國家決定在聯合國安理會提出一項不利以色列的決議。決議的最終內容還沒確定，但我猜會強烈譴責我國在猶大－撒馬利亞區和耶路撒冷建設猶太社區。這就是後來的第二三三四號決議，此外，這項決議還宣稱以色列違反了國際法。

先前，聯合國內部就傳言歐巴馬總統希望在卸任前擬定這項決議並進行表決。當時離他卸任不到一個月，我們以為他回心轉意了，於是認定危機已經過去。我多希望他的理智能勝過一時的情緒，但事與願違。他打定主意要以這項為他的中東政策蓋棺論定的聯合國決議為任期劃下句點。

二〇一六年十一月，美國總統大選已經落幕。事態很清楚，總統當選人川普（Donald Trump, 1946-）不支持譴責以色列。時任國務卿凱瑞（John Kerry, 1943-）和歐巴馬總統在幕後勞勞碌碌，希望能在卸任前讓決議通過。這個消息對我宛如晴天霹靂。我掛掉電話，打給高層的外交官瞭解更多資訊，我也詢問參與安理會的大使是否有聽到風聲。

外交和對外政策領域中的友誼很微妙。打電話給我透露歐巴馬計謀的並非與我熟識的大使。只有一個大使告訴我這件事，而且還是個穆斯林。其他大使被下了封口令，但我打電話詢問後，他們無法繼續隱瞞，於是承認自己知道這件事情。在那個當下，我有千百件事情得做，於是我一邊在腦海中整理、一邊行動，我向總理報告，並告訴家人我必須返回紐約，他們可以留下來享受幾天的陽光。我在登機門直接買了回程機票。我走回飛機後，空服員還問我是不是有東西忘了拿，我回答：不是，我必須折返紐約。

若無人出手干預，這項決議隔天（十二月二十三日）就會進行表決。時間緊迫，因為決議的支持者（包括美國、歐盟和巴勒斯坦）希望週五就能表決，趕在聖誕假期正式開始前解決這件事。我豁了出去，打給所有可能有辦法擋下決議的人。我知道這一仗會很辛苦，面對這類提案，通常美國都會和我們站在同一陣線反對，但是這次推動決議的正是美國。我們唯一的希望，就是即將在兩週後入主華府的新政府，總統當選人川普公開表示反對這項決議，並警告美國所有友邦慎選立場。

納坦雅胡總理人在以色列，也竭盡所能阻止表決。他試圖聯絡歐巴馬總統，但是徒勞無功，聯絡不上對方。美國官方表示總統已經到夏威夷度聖誕假期，所以沒辦法接電話，但是這顯然不是實話。以色列最強大的盟友竟然在躲總理的電話，讓我意識到自己孤立無援。總理不認為找美國駐聯大使鮑爾（Samantha Power, 1970-）對話會有任何幫助，他深信歐巴馬總統執意讓決議通過，跟她談只是白費力氣。儘管如此我還是試著聯絡鮑爾，只可惜總理是對的，我在表決前都聯絡不上鮑爾。我很沮喪，在此之前鮑爾和我合作良好，我們之間的對話開放而坦誠，現在她卻拒接我的電話，這是十分嚴重的警訊。她這麼做是她經過深思熟慮過的策略。這顯示當下美國與以色列的關係有多緊張。

我還找歐巴馬總統身邊的一些好友談過。他們也支持以色列，並試圖說服總統和其他政府官員不要支持這項決議，但一樣無功而返。總理認為，歐巴馬總統支持決議只是想對他公報私仇，並非出於政治策略的考量，畢竟這項決議對促進區域和平前景或改善巴勒斯坦人的處境都毫無助益。二〇一五年三月，總理曾在美國國會發表演說，極力反對歐巴馬政府的伊朗協議。[6]我敢說這一定激怒了歐巴馬總統。美國之所以支持這項聯合國決議，就是他卸任前開的最後一槍。最終，美國協助通過決議的舉動並未促進和平發展，只是傷害了歐巴馬總統的歷史評價。

我改變策略，不再試圖改變總統的想法，表決前幾個小時（表決預定在中午進行），我改從安理會的其他國家下手。我必須說服他們反對決議，或至少放棄投票。當時埃及是安理會成員，代表阿拉伯國家聯盟（the Arab League）[7]。本來埃及是該決議的共同提案國之一，但在即將上任的川普政府施壓下撤回了提案。這很重要，儘管我知道埃及最終還是會投下同意票，但至少埃及的國名不會出現在決議提案國之列。

在埃及撤回提案後，我們覺得有機會將表決拖延到下屆美國政府上任之後。我們的如意算盤是，至少要將表決延到聖誕節後，讓即將卸任的政府來不及讓決議通過。

當然了，雙方都在與時間賽跑。支持決議的一方全速前進，希望能在聖誕節前提案並通過。當時所有人都在對僅存的兩個提案國——紐西蘭和塞內加爾——施壓。

我不得不佩服總理。他只要看準了要完成的工作，就會像著了魔一樣。他試圖聯絡這兩個國家的領導人，連時差也不放在眼裡。他下令：「把他們叫醒。」這說起來容易，實際上絕非易事。當時紐約是下午一點，紐西蘭是清晨六點。紐西蘭駐聯大使得知自己得在大清早打給總理威廉・英格利希爵士（Sir William English, 1961-）時很不情願。那天，我和納坦雅胡總理多次通話，他的指示非常明確，要我清楚傳達以下訊息給紐西蘭和塞內加爾：如果堅持要提起決議，我們會關閉位於威靈頓和達卡的大使館，並與他們完全斷絕外交關係。我對兩國的大使都用了強烈的措辭，雖然這造成了短暫的外交危機，但我是要向他們表示我們不是在開玩笑。

紐西蘭支持決議這件事在表決前後都存在爭議。據報導，紐西蘭外交部長穆雷・麥卡利（Murray McCully, 1953-）提起決議前未先取得內閣許可。這表示他們有可能會撤回對決議的支持，然而天不從人願。紐西蘭的目的是博取關注和重視，該國大使對於能推動與中東相關的安理會決議感到非常興奮。

我跟他開會時差點就動怒了。我問他，是否真的瞭解耶路撒冷對猶太民族和以色列人民的重要性，他的表情清楚告訴我他完全不懂。我建議他和紐西蘭駐以色列大使館的同事聊聊，但出乎我意料之外，他告訴我紐西蘭沒有駐以色列大使館，因為駐土耳其大使館就能「應付」以色列的業務。我在心裡暗忖，紐西蘭到底與我們的國家議題有何干係？不幸的是，這不是我第一次看到有國家想藉由消費以色列博取關注。

我們與塞內加爾的關係很穩固，也知道他們其實是遭到更強大的國家利用。我們得知逼迫塞內加爾提出決議的幕後主使者就是法國，但為時已晚，他們拒絕撤回提案。最終，紐西蘭和塞內加爾成了決議的先鋒，成為美國、法國和巴勒斯坦的棋子。

烏克蘭原本也打算投棄權票，最後卻沒有這麼做。烏克蘭與以色列相當友好，在擔任安理會理事國期間幫了我們很多忙。我與現在派駐華府的葉利琴科（Vladimir Yalchenco, 1959-）大使[8]友誼深厚。當時烏克蘭進退維谷，面臨來自歐巴馬、下任美國總統，還有以色列的三方壓力。最終他們決定支持決議，害怕就算歐巴馬總統還有十一個小時就將卸任，依然會想方設法報復。

英國方面，我個人覺得錯失了良機。當時梅伊（Theresa May, 1956-）剛當選首相。表決結束兩個月後，我才得知她曾認真考慮投棄權票，或甚至否決這項決議。我很訝異，因為英國的立場通常與歐盟一致，也就是支持巴勒斯坦、反對以色列。要是我能早點察覺她的想法，就能多花點心力動員，甚至能影響梅伊的決定。後來我才知道，她確實考慮過否決這項決議來向甫當選總統的川普示好，希望英美兩國能有更緊密的合作關係。最終，來自外交部的壓力大於梅伊的預期。我們當時的時間和精力有限，現在回過頭來看，如果當初能早點得知此事，並有更多時間籌劃的話，我們或許有辦法扭轉結果。

這樣的發展在美以關係史上前所未見，我們很清楚這項決議對以色列不利。說白了，這是歐巴馬政府在卸任前對以色列發動的惡意外交攻擊。這也將成為美國政府所要承擔的不幸包袱（unfortunate legacies）之一，至少就國際關係方面而言。

從以色列的角度來看，這一連串事件中最重要的關鍵，就是表決前我方與美國政府缺乏溝通。我們無法在事前與我國實力最強大的友邦協調——因為在這次表決中，美國顯然不想與以色列進行任何協調，只希望決議能通過。這是數十年來，美國和以色列首次在聯合國的會場中對立。

我周密地擬定了要在辯論中使用的措辭和表決後的發言。我已經準備好面對各種結果了。

表決的日子到了。我感覺自己在指揮一場外交戰役，從我在紐約降落，一直持續到隔天早晨。我作好心理準備，因為從估計的贊成票和放棄投票數量看來，情況很不樂觀。我決定在表決結束後接受媒體訪問，表示如果歐巴馬總統否決決議，我會非常感激，但美國拋棄我們是更可能出現的情況。真正值得思考的是，如果美國不否決決議，我們該如何回應。我自己作了決定，若發生這個情況，就要對美國和美國國務卿發起猛攻，揭露他們的所作所為。我的戰士本色甦醒了——挨揍時就要自衛，而不該躲到角落默不吭聲。

當天早上，我們打電話給所有找得到的人。我知道自己盡力了，但還是做得不夠。那一刻我百感交集，並自我反省。有些事情就是無法掌控，我們只能想辦法用最好的方式面對結果。我必須提醒自己，表決結果短期內不會改變以色列人或巴勒斯坦人的生活。我甚至保持樂觀態度，希望新任美國政府能夠扭轉即將造成的某些，甚至是所有傷害。

我依舊聯絡不上鮑爾。擔任公職的經驗告訴我，對方不給予答覆是不好的徵兆。我準備了兩份講稿，如果我誤判情勢，美國否決了決議，我會發表第一份。在這個樂觀的情境當中，我會談到美國和以色列的情誼、我們共同的價值觀，並呼籲兩國進行直接協商。我經常想起我們與埃及和約旦談和的例子——在這兩個案例中，和平並非透過聯合國安理會達成，而是由強而有力的領袖們直接協商達成的。

有時候，你就是必須帶著尊嚴有話直說、毫無保留。我有預感，最終必須發表的會是第二份講稿，畢竟我是個務實的人。這份講稿是為了決議通過的情境而準備，我在當中揭穿真相：美國表面上放棄投票，卻在暗地裡對以色列進行可恥而無謂的操弄。我希望藉此能讓美國政府感到不自在，這個政府背棄了以色列，我幹嘛要讓他們好過？

我也強調，這項決議通過對巴勒斯坦人而言只是空洞的勝利，對整個中東都毫無助益。這會讓他們失去協商動機，繼續向聯合國尋求毫無意義的解決方案。我在講稿中提醒安理會，幾週後美國總統就會換人，到時便進入新的時代，並會有新的政策出台。

表決前幾個小時，我一連與特定挑選的多位聯合國大使們開了好幾場會，其中包括安理會成員。我和已故的俄羅斯大使維塔利・伊萬諾維奇・丘爾金（Vitaly Ivanovich Churkin, 1952-2017）會面，我知道他不欣賞歐巴馬政府過去在安理會的提案。儘管機會微乎其微，他還是有可能會動用俄羅斯的否決權阻擋決議通過，即便過去俄羅斯的立場都是支持巴勒斯坦。作為在聯合國任職多年的老練外交官，他可能有辦法說服俄羅斯阻擋決議，或者拖延表決。我們過去雖然經常看法分歧，但是在工作上依然保持友善且富有成效的關係。

我們會面之後，我感覺他對決議的態度更趨保留，尤其是針對表決的時機。他答應我會立即聯絡莫斯科高層。丘爾金打了幾通電話，幾個小時後我們再度會面，他說因為俄羅斯支持巴勒斯坦，所以他沒有辦法否決決議，但這項決議也讓他感到不快。

正當我準備趕去下一場會議時，丘爾金告訴我一項重要資訊：其實歐巴馬和凱瑞協助擬定了兩項有關以色列的決議，第一項就是我們已經知道的第二三三四號決議，第二項決議叫作《和平因素》（*Parameters for Peace*），後者從未經過討論，也未曾公開，內容勾勒了歐巴馬總統對中東和平的願景，為以色列與巴勒斯坦間的協議設定了若干因素，包括國界、難民，還有耶路撒冷的地位。丘爾金告訴我，如果《和平因素》進入表決階段，俄羅斯將會動用否決權。俄羅斯瞭解兩項決議都毫無意義，他們無法否決第一項，但也不想送歐巴馬卸任大禮，放手讓第二項一起通過。我相信丘爾金，因為我知道俄羅斯並不想幫歐巴馬。兩項決議丘爾金都不喜歡，但《和平因素》對以色列而言實在欺人太甚，俄羅斯將它擋下來能讓傷害降到最低。要是該決議遭到俄羅斯否決，這一定會讓美國非常難堪。

我向丘爾金道謝，離開他壯觀的辦公室前，我請他盡力拖延第一項決議。我坐上停在俄羅斯大使館門口的座車，要求手下員工、護衛人員和司機在車外等候，讓我向總理報告狀況。我知會總理第二項決議的存在，向他保證那項決議不會進入表決，因為美國不會讓俄羅斯有機會運用否決權，讓他們當眾出糗。

我們在表決開始前走進座無虛席的安理會大廳。直播設備已經架設好，準備將會議過程即時轉播到世界各地。丘爾金大使要求在表決前閉門諮詢安理會成員，讓所有人大感意外。十五名大使走進大廳的側房，丘爾金在那裡試圖說服他們延後表決。因為他不能直接反對決議，於是宣稱想知道是否有成員國想在表決前討論決議。當時是週五的下午一點，如果有一個國家表示需要更多時間，表決就很有可能從週五延到週末之後，這對我們來說會是天大的好消息。我很感激，我知道他要這麼做並不容易。只是很不幸，美國、歐洲國家和阿拉伯國家聯盟都希望能夠立刻表決，要求回到會議廳投票。我感覺過了好久，十五名大使才終於從側房走了出來。

他們一回到大廳，鮑爾就請我到一旁的會議室當中談話。我先前已經多次試圖聯絡她。我走進會議室時心裡很清楚她在玩什麼把戲。她說：「總統決定美國要放棄投票。發生這種情況實屬不幸，我很抱歉。」她的道歉讓我不為所動。「很遺憾，沒人會記得我們多年來一起成就的好事。對於這屆美國政府在美以關係上的功過，後世只會記得這可恥的一刻。」這是我的回答，而事實確實如此。我們和歐巴馬政府在聯合國取得許多進展，但完全沒人記得。

歐巴馬的手法很狡詐。要是你支持決議，甚至協助擬定其中的文字，為什麼不大方承認、投下贊成票呢？美國藉由投棄權票假裝中立，實際上卻是幕後主使者，這種行為很不誠實。老實說，如果美國公開採取他們在幕後的立場，我會更欣賞他們。歐巴馬政府深入參與了這份決議的協商與擬定，既然如此，何不坦率地告訴美國和以色列人民？以色列很清楚真相是什麼，美國和全世界的人民難道不應該知道嗎？

有一點需要澄清，這項決議並非直接出自美國之手，也非由美國總統和他的手下設計或撰寫，而是由許多當時在這個議題上對以色列不友善的國家（包括瑞典和法國）合力完成。然而，在一連串的閉門會議和斡旋當中，歐巴馬總統和團隊密切參與了決議遣詞用句的擬定，並且沙盤推演了表決會發生的情況。美國未曾就決議的任何層面諮詢以色列，這很不尋常，因為過去出現類似的情況或提案，我們至少會得到通知。這次恰好相反，他們刻意把我們排除在外。

如果我們知情，至少能提出抗議或爭辯，但我們根本沒有機會。一切都在我們背後進行。美國在安理會中以檯面下的方式強力推動決議通過。他們利用代理的第三者國家來推動議程，這是相當懦弱的做法。這一切我都心知肚明，但我心中依然抱著一絲希望，認為美國還是有可能會否決決議，過去他們曾四十二度為我們使用否決權，包括在二〇一一年一項類似決議進入表決時，便是遭到美國否決。

我走出會議室，回到安理會的座位上。我跟其他大使們打招呼，打起精神跟他們說笑。我隱藏自己的情緒，還跟某些大使們說笑道，希望我們不必在這個房間內度過聖誕節。他們中的幾個人低聲告訴我，他們不得不投票同意譴責以色列的決議，並且對此感到很不好意思。我面無表情，確保沒有人知道我內心真實的感受。我和同事一同坐在安理會的會議廳，面對幾乎是來自全世界的代表，以及無數的電視攝影機和記者，我深切體會到深入獅穴的感受。

那刻，我首度體會到《聖經》中以色列人民「是獨居的民，不列在萬民中」（the people of Israel will be alone among the nations）（《民數記》二十三章九節）這句話的含義。我的一舉一動、任何表情都會有人記錄下來。我必須聚精會神。我想起父親說過的話：以色列是我們的土地，我們在世上別無其他歸屬。這句話讓我充滿力量，讓我保持專注和冷靜。我傳訊息告訴總理，美國確定會投棄權票。我把手機螢幕遮住，以免攝影機將我的私人對話拍下來公開給全世界知道。

接著我親眼看著我最深的恐懼化為現實。十四個成員國投票支持第二三三四號決議，美國投棄權票，沒有國家投下反對票，而且美國不打算行使否決權。

對巴勒斯坦人來說，這一刻值得慶祝。決議通過的剎那，會議廳裡的巴勒斯坦人就開始鼓掌歡呼。畢竟這對他們而言是一大勝利。在他們眼裡，譴責以色列、讓以色列難堪是很了不起的成就。

孤立無援

表決結束後，所有人起立鼓掌、擁抱彼此，整個會議廳只有我一個人還坐著。當時我心想：有什麼好慶祝的？這項決議又幫不了巴勒斯坦人，也無法推動和平。同時，我也感受到我接下來的演說將會充滿力道，能清楚傳達我的決心和價值觀。安理會主席請我上台，我開始發表演說。[9]我在開口前先以雙眼直視每位大使。我驕傲地提起以色列過去克服的種種難關，像是巴比倫人和羅馬人的侵略。「我們也會戰勝這項可恥的決議，」我說：「沒有任何決議能逼我們離開耶路撒冷。」會議廳有許多巴勒斯坦的支持者，他們跟我一樣，很清楚決議會通過，而且不會遭到否決。也就是說，我發表演說時孤立無援。我說：我們最終依舊會得到勝利。沒有人能改變歷史，尤其是以色列的歷史。

我看著鮑爾說，幾週後就會有另一名大使取代她，新任總統將入主白宮，他會恢復過去支持以色列的政策。我怎麼也想不到，一年後的我會坐在同一個座位上，討論美國將大使館遷到耶路撒冷的歷史性決定。

接下來，美方開始急著合理化自己的行為。現在回想起來，這讓我回憶起讀小學時我和同學遭到霸凌的經驗。父親鼓勵我堅守自己的原則，如果有人辱罵、貶低我，或是對我動粗，我必須還以顏色，即便對方年紀比我大、比我強壯也一樣。同年級的孩子挨揍、被欺負都不敢反抗，但年紀較大的孩子都知道，他們欺負我，我會毫不遲疑地反擊。有一天，我回家時全身和臉上都是瘀青。母親問我怎麼回事，我說我被比我大的孩子欺負了，她雖然很擔心，但依然稱讚我挺身而出對抗惡霸。同樣的事情發生了幾次，後來那些人就不敢再煩我了。這個回憶提醒了我，當面對比自己更強大的敵人時，我們經常必須挺身為自己而戰。如今，我正在與世界上的主要強權公開對峙，而坐以待斃絕非良策。我保持冷靜，著手規劃表決後的行動，也就是向世界揭穿美國在這次可恥事件中扮演的角色。

我不打算乖乖就範，就這樣放過他們。這場戰鬥才剛開始。我沒有被歐巴馬總統或凱瑞嚇倒。我馬上安排了各種媒體訪談。我開始擬定以色列的官方回應，準備揭發美國在幕後的所作所為，而且事前不打算徵求任何人的許可，因為真相必須被揭發。美方宣稱自己與決議無關，對此，我不會默不作聲。我的行動迫使美方為自己的行為辯護，並承受一定的輿論壓力。這種作法應該成為以色列對外政策的重要方針：永不退縮、揭發惡形惡狀，並迫使幕後主使者公開為自己辯護。

因為在這次事件當中，美國拒絕直接與以色列溝通，所以我們有必要採取公開手段，於是我們將媒體當作傳聲筒。我首先發難，大力抨擊決議既無意義又造成危險，並批評美國政府的行徑卑鄙懦弱。我向媒體大聲昭告，美國背棄了自己最親密的盟友。CNN是最先採訪我的媒體之一，我向主播約翰・伯曼（John Bernman, 1972-）表示，美國的行為令人鄙夷。他很訝異，問我怎麼會把話說得這麼重。我說，因為沒有其他言辭足以形容。後來，我上了更多美國的電視新聞節目解釋這次事件，而且每次都使用同樣強硬的措辭。

這麼做並不容易，也不是很愉快，但我必須堅守立場。總共十多次的訪談中，我一再強調表決結果和美國的反應令人鄙夷，並讓人深感遺憾。對我來說，這次事件標誌了美國態度的大轉變。美國和以色列不再是共同對抗真主黨（Hezbollah）[10]或哈馬斯等伊朗極端組織的盟友，反而彼此對抗。這是美以關係的低點，但我知道這都只是暫時的。

我很清楚自己必須起身對抗美國國務卿凱瑞。我想，我和以色列政府會有如此激烈的反應，八成讓凱瑞大感意外，因為他非常不客氣地批評我們。我們開始像打乒乓球一樣一來一往地脣槍舌戰。美國政府派他為決議辯護，但這完全不合邏輯。美國政府一方面宣稱自己放棄投票，並沒有參與決議起草，另一方面又派國務卿到各大新聞媒體誇耀這次表決有多重要，而不是保持低調。

凱瑞的用詞咄咄逼人，他辯護美國放棄投票的決定，說「這麼做是為了以色列好」（it was for Israel）。他召開特別記者會，細數以色列違反人權的行為，並強調我方在猶大－撒馬利亞區建設猶太社區之舉讓情勢更加動盪，降低了以巴和平談判的可能性。他還質疑我國民主的強韌性，這很諷刺，因為他心知肚明，以色列是中東唯一自由、開放的民主社會，我國人民享有極大的經濟自由，並高度包容多元族群。以色列的少數民族能參與我們健全的民主制度、當選國會議員、擔任部會首長，並在司法體系的各個層級任職，包括最高法院。我真希望凱瑞能對他任期內發生的其他事件投注同樣的心力。

阿富汗戰爭是當時世界上死傷最慘重的衝突，敘利亞和葉門的衝突催生無數組織性的政治暴力事件，多過世上任何國家。敘利亞在當時和現在都是對平民百姓最危險的地方，是一場嚴峻的人道危機。菲律賓曾淪為戰場，近年的平民死傷人數多於伊拉克與索馬利亞。然而，聯合國卻決定優先譴責以色列，現在甚至還得到美國的支持。

美國總統心知肚明，決議幫不了巴勒斯坦人，也無法促進以巴的對話。光靠聯合國決議是無法促成和平的，歐巴馬總統自己也這麼說過。二〇一一年，他在聯合國對各國領導人發表演說：「要化解存在數十年的紛爭，沒有捷徑可循。和平需要我們付出努力實踐，沒辦法靠聯合國的聲明或決議達成……歸根結柢，必須和平共處的是以色列人和巴勒斯坦人，他們必須自行就雙方分歧的議題──像是國界、安全、難民和耶路撒冷──達成共識，而不是由我們居中協調。」[11]

我同意歐巴馬總統在二〇一一年說的，當時他強調和平必須透過直接對話達成。在聯合國的大會中讓巴勒斯坦人取得空洞的勝利，反而降低了實質、有意義的直接對話發生的可能性。這項決議改變不了以色列保護人民、追求實質和平的承諾和義務。

事實上，回顧表決後的情況，多數人都同意這項決議實質上並未能夠改善巴勒斯坦人的處境。歐巴馬政府在幕後協調、推動決議，不過只是想在卸任前報復我方。

後來，隨著歐巴馬政府卸任，其政策便遭到推翻，妮基・海莉（Nikki Haley, 1972-）被提名為美國駐聯大使。我有幸在海莉大使在任命案獲得確認不久後便陪同她訪問以色列，這也是她首次造訪以色列。我們自此建立起穩固的同盟和友誼，而且不久之後便有更大的好消息。

大使館遷址

二〇一七年十二月六日，川普政府正式宣布美國駐以色列大使館將從特拉維夫搬到耶路撒冷，此舉等同承認耶路撒冷是以色列的首都。其實美國國會多年前就已經批准此事，法律允許大使館搬遷，卻每年讓總統決定是否簽署豁免書（waiver）來推遲法案執行。歷任總統都簽了，連那些原本聲稱不會簽的也是。但川普總統沒簽，而且他將搬遷計畫付諸實踐。

許多總統競選時都作過類似承諾，但從來沒有人落實。一九九二年，柯林頓

（Bill Clinton, 1946-）總統說：「耶路撒冷依然是以色列的首都，必須維持不可分割的地位，並歡迎所有人拜訪。」二〇〇〇年，小布希（George W. Bush, 1946-）總統說：「我一上任就會立刻啟動程序，將美國大使館搬遷以色列選定的首都。」小布希還補充說會在「宣誓就職後就馬上進行」，但這件事從未發生。就連歐巴馬總統也在二〇〇八年說過：「耶路撒冷將繼續是以色列的首都，它必須維持其完整性。」

此類承認耶路撒冷是以色列首都的承諾中，有些在當下或許是真誠的，有些只是為了政治利益而許下。因此，並非以上的政治人物都在說謊，他人的施壓和威脅讓他們畏縮，不敢貫徹這個確實需要很大膽量的決定。

川普總統許下了承諾，並且確實將其兌現。事實上，川普原想在就職第一天就宣布他不會簽放棄搬遷命令，而且絕對會讓大使館搬家。我在川普交接團隊內部的友人打電話告訴我，他們打算在就職第一天宣布搬遷大使館，並在白宮舉行典禮。執政團隊正在整理典禮賓客名單，這名友人希望我幫忙確保沒有遺漏任何人。這個舉動表明川普政府是認真的；這不是選後便被遺忘的選舉支票，川普真的打算要兌現承諾。

當然了，事情不會這麼順利。儘管川普總統承諾在就職首日宣布搬遷大使館，在某些美國政府機關和位於耶路撒冷的利益關係者的施壓下，他只能延後宣布的時間。

但總統依然信守承諾，二〇一七年十二月六日，他宣布美國承認耶路撒冷是以色列首都，並下令規劃將美國大使館從特拉維夫搬遷耶路撒冷。

我事前就知道他會作此宣布。當時海莉大使已經和我合作了一段時間，我們的關係非常穩固。她出訪以色列的行程大獲成功，而且我們也建立起了互信。她親眼見證中東政策與管理實務的複雜性和挑戰。我們知道這次宣布一定引發某些組織的強烈反彈，所以約好在電話中討論可能的影響。當時我做了一件通常不會做的事情——我在執行任務時會全神貫注——我請她在討論細節前先花點時間，跟我一同體會自己參與了歷史性的一刻。我們正在為未來的歷史打下根基，而我們的後代子孫會在歷史課本讀到這一刻。能參與美國大使館搬遷是種獨一無二的榮譽。她興奮地告訴我，她也很榮幸能以這種方式報效國家。

我們都很清楚，這件事會在安理會引發激辯。我們出謀劃策，推演總統宣布後聯合國可能發生的情況，並討論當安理會表決是否譴責這項決定時（這件事不可避免）應該採取的行動。

安理會表決前，海莉和我都發表了鏗鏘有力的演說。海莉的演說精確地描述出聯合國對以色列的敵意近乎執迷的程度。她說：「沒有任何國家能規定美國應將大使館設在何處。」[12]她對總統的決定感到驕傲，很榮幸能成為安理會中唯一支持以色列的聲音，而且很樂意否決譴責這項決定的決議。她舉起手行使否決權，阻止決議通過的剎那，無疑是歷史性的一刻，也是令人動容的一刻。

我在演說中強調猶太人與耶路撒冷長達數世紀的歷史連結。「面對有關耶路撒冷的問題，我們絕不退縮。」我說道：「三千多年前，大衛王（King David）就宣布將耶路撒冷定為猶太民族的首都。我國在對抗敵人時從不放棄。我們不允許任何人——包括聯合國——決定我們的命運，特別是有關耶路撒冷的事務。當時不會，現在也不會。」

安理會會議在表決後結束，我走向海莉大使，向她發表的演說致上謝意，也告訴她事情還沒結束。我瞭解我們的對手，也很清楚這項決議會進入聯合國大會。大會決議偏向宣言性質，雖然效力沒那麼強，但無法以否決權推翻。

如我所料，巴勒斯坦方面催促聯合國大會譴責美國搬遷大使館的決定。我們只有一天的時間為辯論作準備，我必須讓全世界瞭解耶路撒冷對猶太民族的重要性。上台時間只有十分鐘，我必須做出一些讓聽眾印象深刻的事情。於是我打電話給好友大衛・巴瑞（David Bari），大衛德拉（Davidala）是他的暱稱。他是耶路撒冷大衛城考古隊（City of David Expeditions）的創辦人。我認識大衛德拉將近三十年，他剛開始挖掘大衛城時，我們就認識了。[13]我告訴他聯合國即將舉行的辯論，請他給我寄來一件重要文物或象徵物，總之是要可以拿在手上的實在東西，讓我有辦法證明猶太民族與耶路撒冷之間的連結。大衛德拉有個朋友會在我的演說當天抵達紐約，於是，他將一枚來自大起義（The Great Revolt）時期的重要硬幣託付給這位朋友。這枚硬幣鑄造於西元六七年的耶路撒冷舊城，當時猶太人群起反抗羅馬帝國的大起義進入第二年，是為世界歷史的重要時刻。硬幣的一面用希伯來文寫著「錫安自由」（Freedom of Zion）[14]，另一面寫著「起義第二年」（Year two of the revolt）。

我的盤算是，我會在台上展示原始硬幣，同時讓使團的實習生發放複製品給每一位大使，並附上一張簡短的說明字條。在我上台前，我的總幹事告訴我，聯合國的工作人員說演說期間禁止發放任何物品。我回答：「我們今天要為耶路撒冷奮戰，管他什麼規定。」然後就走上聯合國大會的講台。演說過程中，我緩緩從口袋中拿出那枚小小的硬幣，一邊說話，一邊將它對著鏡頭。我很緊張，深怕弄丟這枚重要的硬幣。計畫順利進行，在我展示古老硬幣的同時，我的工作人員們湧入大會會場，發給每位大使一枚硬幣的複製品。我告訴所有與會者，這枚硬幣證明猶太民族與耶路撒冷之間存在著牢不可破的連結。我說：「任何聯合國大會的決議都無法讓我們離開耶路撒冷。」雖然表決結果沒有因此改變，但是親眼看到、摸到這枚硬幣，能幫助大使們理解我們的感受，以及猶太民族與耶路撒冷間的永恆羈絆。

我原以為硬幣會是整場演說的亮點，但媒體更關注我譴責聯合國大會無條件支持任何反以色列決議時用強硬語氣所說的這句話：「今天支持決議的各位，就像受到巴勒斯坦操縱的傀儡（puppets pulled by your Palestinian masters）。」我批評這次表決「不過是妄想的展現」。我發表演說前，我國使團內的某些外交官建議我刪掉這幾個句子，原因是可能會冒犯大會中某些人，但我拒絕了。否定我國與耶路撒冷連結的人，就是在侮辱我國的核心價值。我的同事們吃驚地不敢置信，但恕我直言，這畢竟是我的演說。當有人為了反對而反對，忽略政策的內容和歷史脈絡，我就必須指出他們的錯誤。大使們在座位上的不安神情，讓我知道留下這些措辭強硬的重話是正確的決定。

聯合國大會的表決結果一如預期，絕大多數成員國都否決美國承認耶路撒冷是以色列首都的決定。我們已經盡力爭取各國在大會中投下棄權票，甚至和我們一起投下反對票，但最終只有美國、以色列和其他七個國家反對這項決議。[15]有幾個國家投下棄權票，[16]有些大使直接離席。雖然各國有權自行決定設立駐外大使館的地點，但總共有一百二十八個國家投票譴責美國搬遷大使館的決定，此舉形同挑戰或質疑我國與耶路撒冷之間的歷史淵源。

海莉大使看到表決結果十分氣憤，她於是立刻採取行動，邀請與美國站在同一陣線的國家參加在她住處舉行的冬季宴會。我一收到邀請函就告訴太太，我們必須延後原本的計畫去參加這次宴會。海莉這麼做很高明，我們在表決上落敗，理應感到難堪，但我們卻與同樣反對這次決議的國家一同慶祝。宴會時間選在聖誕節前，所以氣氛跟聖誕節派對一樣歡快。我永遠忘不了，某些歐洲大使得知自己未受邀後，神情有多麼震驚。他們問我，為什麼他們沒收到邀請，而我很樂意跟他們解釋緣由。顯而易見地，他們對於被摒除在社交活動之外非常不悅。

儘管聯合國大會通過決議否決了美國承認耶路撒冷為以色列首都，美國依然堅持其正式承認，並承諾搬遷大使館——而且這時間點非常巧合，幾乎就在一年前的同一天，聯合國通過決議譴責以色列在耶路撒冷（我們自古以來的首都）的移居活動。在二〇一八年五月[17]，美國兌現了他們的承諾。

二〇一八年五月十四日，美國在耶路撒冷的大使館正式開幕。耶路撒冷舉行了開幕典禮，但海莉大使和我都決定留在紐約。那是值得慶祝又深具意義的一刻，耶路撒冷到處都是美國和以色列的國旗。許多美國人特地前往以色列，包括猶太人和福音派的代表團。我也很想參與，但我知道我的職責是留在聯合國。耶路撒冷大使館舉行開幕典禮的時間，妮基和我已經安排好要在紐約和美國使團會面。我走進她辦公室時看到一瓶香檳。通常我白天是不喝酒的，但那天我破了例，決定要配著酒細細品味這特殊時刻。我們互相舉杯慶賀大使館的開幕。

掃興的是，情治單位早已通知我們，巴勒斯坦方面謀劃在大使館開幕前夕煽動大規模暴動。對此我並不意外，過去經驗告訴我，巴勒斯坦的領導層會不計代價破壞任何值得以色列慶祝的場合。恐怖組織哈馬斯在加薩邊境動員上萬人發起暴動。這不只是單純的抗議活動，有些人身上帶了槍枝和爆裂物，許多兒童被當成人肉盾牌。他們的目標是突破圍欄、滲入以色列，讓恐怖分子進入以色列境內，對我國社區發起攻擊。

我軍士兵收到的命令是盡可能降低傷亡，但要阻止對方破壞圍欄、突破邊境。這起暴力事件影響到大使館開幕典禮的新聞報導。許多新聞台都以分割畫面同時播報大使館開幕和邊境的暴動。有些新聞媒體甚至忽略開幕典禮，只報導暴動，因為那並非和平的抗議活動。我們被迫採取行動保衛人民，並試圖降低傷亡。我們成功阻止暴動擴張，對方動員上萬人突破邊境，依然被我們守了下來。儘管如此，哈馬斯還是成功破壞了慶祝的氛圍，據傳共有五十八人傷亡。[18]

那些危言聳聽的預言沒有成真，美國大使館遷址並未讓整個中東陷入戰火之中。現在，這座大使館每天都有超過一百名美國外交官進出工作，針對各種外交和商業事務與猶太人、穆斯林和基督徒密切合作，還有各國觀光客前來拜訪。我們已經證明，承認耶路撒冷是以色列首都並不會在阿拉伯世界造成大規模血腥暴力衝突。除了上述由恐怖組織哈馬斯出資策劃的短暫暴力衝突外，沒有引發任何其他的暴力事件。

對此我並不意外。「耶路撒冷是以色列不可分割的一部分，是她永恆的首都。沒有任何聯合國表決能夠更動此一歷史事實。」此話出自以色列首任總理大衛・班－古里昂在一九四九年十二月五日發表的聲明，他針對的是聯合國在幾天前通過決議呼籲將耶路撒冷國際化。事實證明，美國大使館的遷址並不如外界長久以來懼怕的會造成重大爭端。對許多人來說（包括我在內），這次遷址帶有深刻的象徵意義。

當時班－古里昂應對聯合國決議的方式是提前發表事先準備好的宣告，昭告全世界以色列將把國會等國家機構遷至耶路撒冷。這項宣布讓以色列政府受到世界各地的撻伐，就連美國也拒絕在耶路撒冷舉行外交會議，並持續將官方電報發到我國外交部位於特拉維夫的辦公室。儘管如此，班－古里昂的勇敢決定對以色列的未來是正確的。他明確表示，將我們自古以來的首都變成由外人管理的國際區是完全不切實際的想法，而且無論國際社會怎麼施壓，以色列都會勇於作出正確的決定。我國人民與首都有著非常緊密的歷史連結，我們並非遷居此處的外邦人、十字軍或殖民者。

最後（或許也是最重要的一點），美國搬遷大使館一事可以讓以巴雙方更有可能達成和平，而且我相信搬遷在現實中已經引發了某種骨牌效應。瓜地馬拉和洪都拉斯也都已經將大使館遷至耶路撒冷（我將在本書稍後進一步討論）。以色列所處的地理位置強鄰環伺，這裡只有強者能得到尊重，暴露弱點就可能招來攻擊。以色列將會屹立不搖，任何的戰爭或軍事強權都打不倒，也趕不走我們。承認耶路撒冷是以色列首都能幫助巴勒斯坦人認清現實。越多國家承認以色列擁有耶路撒冷的完整主權，就越能讓所有人清楚瞭解：無論是面對恐怖分子或聯合國安理會決議，我們都不會在耶路撒冷的議題上妥協。

只要巴勒斯坦人放棄不切實際的妄想，近來的情勢發展或許終於能讓他們開啟誠懇、直接的協商。巴勒斯坦人若是延續衝突、不放棄使用暴力，他們將付出高昂代價。他們目前的處境並不會因為拒絕和談、懷抱消滅以色列的虛假夢想而有所改善或受到維護。

在我寫作的當下，白宮已經再度易主，美國的對以色列政策也再次更迭。新政策的內容固然很重要，我們的外交手段和政策可能必須作出相應的調整，但是我們的價值觀、我們與國土以及由以色列統一的首都間的永恆羈絆，都將永遠不變。

第三章　永不隱藏，絕不道歉

比起否認或隱藏，誠實做自己、表達自己的信念，能讓我們走得更長遠。

我從不怯於表達我個人或對於專業的信念，擔任公職時尤其如此。這種態度對我大有幫助，而我相信同樣的策略也能有效提升以色列的國際地位。

有人認為外交人員應該避免有話直說，對此我並不買單，實話實說才是我堅信的原則。當我對某些國家或某些人感到失望，我會直接告訴他們。如果有人以雙重標準看待我們自衛的權利，譴責以色列使用「過當武力」，我會揭穿這些人偽善的真面目。法國大使曾批評我國維安部隊處理暴動的方式，我立刻提醒他，他的政府是怎麼對待巴黎街頭的暴民。當年，抗議團體在法國發起名為「黃背心運動」的暴力示威，[1]法國警方為了平息紛擾也運用了各種手段。當時沒人抗議法國警察使用過當武力，安理會也沒有人要求為此立即召開緊急會議。

我在安理會的公開會議中對法國大使指出此一事實。他聽了不是很開心，但後來討論到以色列的自衛權利時，他再也沒有提出手段過當或違反比例原則的論述。他知道這麼做會讓所有人注意到他的雙標。聯合國有許多國家都反對干涉國家內政，但若以色列試圖自我防衛（包括我們對抗恐怖主義的方式），就會是值得討論的國際議題。對此，我們有義務出聲反駁。每當有人質疑我國的自衛行為，我們就必須提醒對方，其他民主國家遭到攻擊時會採取什麼反應。

如前所述，父親的觀念讓我從小耳濡目染。此外，我在成長過程中參與過貝塔爾（Betar），該組織創立於一九二三年拉脫維亞的里加（Riga），創辦人是弗拉基米爾（澤維）・賈鮑京斯基（Vladimir (Ze'ev) Jabotinsky, 1880-1940）。貝塔爾是奉行猶太復國主義青年運動團體，目標是讓猶太人回到故土、培養國族自豪感。貝塔爾成立後很快就在歐洲開枝散葉，連二戰期間也不例外，當時與英軍一同對抗納粹的猶太軍團中多數成員皆來自貝塔爾。貝塔爾志願兵在獨立抵抗納粹軍隊以及阻止他們攻擊歐洲的猶太人社群扮演了重要角色。

從貝塔爾結業的成員在地下運動很活躍，他們為猶太民族國家的建立貢獻良多。

在英國託管結束，以色列正式建國後，貝塔爾青年運動團持續培育出許多保守派的猶太復國主義領袖。包括梅納罕·比金和伊扎克·沙米爾（Yitzhak Shamir, 1915-2012）在內，有數十位政治領袖的生涯起點都是貝塔爾青年團。我永遠對自己曾隸屬這個獨特一無二的團體感到光榮。

二〇二〇年七月二十一日是賈鮑京斯基逝世八十週年的日子。「沉默是穢」（Silence is filth）是他最重要的理念，也就是說，我們應該大聲宣揚自己的信念，當我們路見不平，不應該保持沉默。在我到聯合國任職之初，要如何既維持外交慣例，又同時堅守這個原則，是讓我相當頭痛的問題。但我很快就學會如何不失應有的專業禮儀，同時表達真實的想法。這兩件事並不互斥，我們不該因為說實話會冒犯人而保持沉默，這點非常重要。

有人覺得談論自己的認同與信仰會傷害他人感情，或妨害進步發生，這還真是誤會大了。從戰略的角度來看，任何的恐懼（包括對坦誠自己認同和想法的恐懼）都是顯而易見的弱點，敵人能夠，也一定會加以利用。就我個人的觀點而言，我不想一輩子戰戰兢兢，隨時擔心自己會不小心冒犯到誰。我不想為我的孩子和選民立下不好的榜樣。我以身為猶太復國主義者自豪，對我的價值觀堅信不移。

在聯合國採取坦承不諱的態度為以色列帶來許多好處。我們在聯合國面臨重重阻礙，更別說有許多人想為自己身為猶太人、以色列人或猶太復國主義者道歉，或想隱藏這些身分，讓它們不那麼惹人注目。我在聯合國任職的經驗則清楚呈現出，當我們越能公開誠實地表達自己的民族認同，我們的未來就可以，而且將會更加安全。

許多人不知道聯合國其實有檯面上和檯面下這兩種面貌。檯面上——至少在面對以色列相關事務時——聯合國總是咄咄逼人、恃強凌弱。但在檯面下，我們還是有辦法搭起友誼的橋梁、創造互相理解的空間，尤其是我們開誠布公的時候。

我要求自己盡可能與各國大使建立友誼，包括來自穆斯林國家的大使。以國家安全的角度而言，這種「搭橋」的工作非常重要。時至今日，我仍與許多大使關係良好，他們是我眼中的盟友。我曾拜訪過一些當時和以色列沒有外交關係的穆斯林國家。這些行程的收穫很多，讓我們瞭解彼此的共同點多於差異。例如，如何應對極端伊斯蘭分子是我們共通的苦惱難題。由於這是我們的共同利益，我們因此能有辦法同心協力，阻擋伊朗勢力在這個地區的內的敵對行為（hostility）。

多數與我友好的阿拉伯國家大使都是真心對以色列感興趣。許多人很佩服我們，因為我們在立場上毫不退讓，並打造出令人欽佩的國家，而且我們毫不掩飾地以身為猶太民族國家自豪。和這些男男女女討論中東事務時，他們總會表示對以色列能在短時間內達到這麼多成就深感敬佩。我相信，只要時候到了，以色列與這些溫和派阿拉伯國家的合作關係就能公諸於世——前提是我們必須維持為自己挺身而出的政策。

歷史教訓

我深信應該誠實昭告自己的身分認同，跟我的出身、有關衝突的個人經驗，以及深植我心的愛國情操有關。二〇一五年十月二十二日，我首度以以色列大使的身分走上聯合國的講台，那一刻我的情緒激昂萬分。現場的數十台攝影機、各國大使，以及在電視前或網路上、來自世界各地的民眾都看著我的一舉一動。按照慣例，大使在走上聯合國大會的講台前，必須在聯合國工作人員的陪同下離開其他大使，獨自坐在講台附近的位置。那時，我感覺世上只剩下我和手中的講稿。上台後，我意識到這次我不只是代表自己發言，也代表我的國家、全世界一千四百萬猶太人。雖然沒人看得出來，但我花了一分鐘才好好地認清楚自己當下的處境，同時將情緒鎮定下來。我這輩子發表過數百場演說，後來也在聯合國發表過數百場，但在聯合國的第一場演說讓我永生難忘。

我想起了父親。他已經不在人世，看不到小兒子是怎麼深入獅穴，面對世界各國的代表。那一刻，我為自己感到無比驕傲，也知道父親的精神與我同在。站在講台上，我想起他教過我的所有事情。他的掙扎、傷痛、熱情，在我開口的剎那全部湧入腦海。我也把這次演說當成機會，讓所有人能事先瞭解，我們在制定政策時會採取什麼樣的溝通方式。

我的直接讓許多人訝異，有些人甚至感到不悅。我獲得任命讓某些左派寫手或所謂的「專家」怨聲載道，因為他們很清楚我不會逃避或畏縮。有個以色列分析師曾形容我的任命案是以色列對國際社會開的「惡劣玩笑」（cruel joke），說我這個新任大使「完全不具備高階外交官應有的手腕和內斂」[2]。住在以色列的英國作家喬納森・庫克（Jonathan Cook, 1965-）指出我的任命案符合「納坦雅胡最近人事任命的固定模式，這清楚反映了他拒絕參與任何正常的外交行為，而寧願引發衝突。」[3]誠如本書內容所述，後來的實際發展證明他們大錯特錯。

我那天在聯合國發表的演說，跟我原本設想的不太一樣。我首次在聯合國公開亮相的六個禮拜前，以色列的街頭發生了恐怖攻擊，名嘴和政客說這是「暴力的循環」

（cycle of violence），其言下之意是敵我雙方有辦法平起平坐、來回交鋒，但事實並非如此。我在演說中明確強調：無辜以色列公民遭到攻擊並不代表暴力的循環。我否定這種說法。我們的敵人在未受到挑釁的情況下對以色列發動攻擊，其理由無非是猶太人生活在他們自古以來的家園。我繼續說道：以色列和其他國家一樣，有保護國民的權利和義務，我們的行為純屬自衛，未來也不會改變作法。換作其他國家，看到每天都有人民在街上遭到攻擊，也會有同樣的反應。在恐怖分子襲擊民主主權國家的情況中，雙方並不對等。

舉例來說，過去有一個十三歲男孩就是想殺人，於是帶著一把菜刀出門。他看到一個以色列男孩在騎腳踏車，於是追上去捅了他十五刀。[4]會有這種極端行為，是因為受到仇恨文化的灌輸。曼德拉（Nelson Mandela, 1918-2013）曾說過：「沒有人生來就會憎恨他人……憎恨是學習來的能力。」可悲的是，巴勒斯坦兒童接受來自領導者、學校和兒童電視節目的憎恨教育長達數十年。我在演說中說道，巴勒斯坦兒童接受的「教育」不是數學或閱讀，而是對猶太人的仇恨。當時，巴勒斯坦代表手扶著下巴，臉色凝重。他應該沒料到我會在演說中說這些，但還是默默聆聽。

以色列第七屆總理伊扎克・沙米爾是另一位影響我對以色列未來與政策觀點的關

鍵人物。他在一九八〇年代當過兩任總理，曾是地下運動界深具影響力的領導人物，在一九四〇年代參與萊希（Lehi）[5]，當時以色列最具軍事色彩的組織之一。沙米爾的個人魅力並不強烈，也不算最知名的以色列總理。他對以色列的忠誠源於自身的信念，他為此深感自豪、毫不掩飾。他是當代猶太歷史中最重要的領袖之一。

沙米爾會成為我心目中數一數二的模範，是因為他在政策上有辦法作出關鍵性的決策，為以色列在內政和外交上取得進展。他的領導讓我們看到，對自身信念坦承不諱能為國家取得戰略優勢。沙米爾在以色列獨立以前遭受了許多領袖的批評，比起猶太人理應享有的民族和法律權利，這些人更在意英國人的認可。沙米爾擔任總理期間確立了以色列日後的方針：理直氣壯地作為獨立猶太國家，並且一手掌握自己的命運。

沙米爾還讓美國在以色列長期的存續、繁榮和安全這些議題上作出重大讓步。一九九一年，他說服老布希總統（George H. W. Bush, 1924-2018）停止引導蘇聯的猶太流亡者前往美國，讓他們回歸以色列。多數俄羅斯猶太人都是先到歐洲國家，然後再輾轉尋求美國庇護。這讓沙米爾無法接受，因為猶太人不需要庇護，他們有地方可去，那就是祖國以色列。他的論點說服了美國政府。多虧從蘇聯回歸的猶太人，以色列的經濟澈底轉型，讓我們在區域內的戰略地位得以提升。

沙米爾不在意自己的人緣好壞，當時的美國政府或歐洲領袖肯定不怎麼喜歡他，但他們都尊敬他。他以身為猶太人為傲，為國家挺身而出，因此贏得世界各國的敬重。或許對方心存芥蒂，但那並不重要。重要的是有辦法與其他國家平起平坐、進行協商。舉例來說，中國、印度等重要國家都在他任內重新與以色列建交。

一九九三年，我以中尉軍階退伍，帶著微薄的一千五百美元預算到南美洲旅行。我身上只有一個背包，和口袋裡的一本希伯來語－西班牙語小辭典。我去了巴西、玻利維亞、秘魯、厄瓜多、哥倫比亞和委內瑞拉，一路學習西班牙語。這次旅程讓我大開眼界，體驗到各種不同的文化。在那之後，我就很熱衷於結交世界各地的朋友。

後來，我到佛羅里達州的以色列猶太事務局（Jewish Agency for Israel）服務，推廣猶太復國主義給猶太學生認識。我規劃了一場推廣活動，讓沙米爾總理在約一千名猶太學生面前演講。那次經驗很棒，也是我以平民身分規劃的第一場公開活動。雖然我服義務役時也得在各種狀況下發揮領導能力，但這是完全不同的領域，所有大小事我都得從頭協調，沒有現成的藍圖可以仰賴。我熱切地接下了各種挑戰：協調總理來訪、畢生第一次募款、招攬學生參加這場盛會，還有最重要的——準備英語演說。這全是我一人的獨角戲，除了一群興奮、積極的志工，沒有其他工作人員協助。

我到了活動的兩天前才驚覺自己沒有正式西裝。我到了阿文圖拉購物中心（Aventura Mall）的梅西百貨（Macy's），發現連最基本的藏青色西裝都要價將近兩百美元，當時的我根本無力負擔。我正要問店員是否有更便宜的選項時，看到了梅西百貨的退貨政策公告。對於剛到美國的我，發現商品在購買後的十四天內可以全額退款，簡直是天大的好消息。於是我買下西裝，整場活動都小心翼翼，避免接近拿著食物或飲料的人。我知道如果西裝留下使用痕跡就沒辦法退貨了，所以我細心地照料它，並在活動結束後不久就拿去退還。梅西百貨接受了我的退貨申請，讓我鬆了一口氣。

那場活動非常精彩。總理剛卸任不久，態度非常開放、直接。有一名邁阿密大學（University of Miami）的學生問到阿拉伯裔以色列人帶來的族群問題，沙米爾看著他說：「別擔心，年輕人。我們很快就會從蘇聯帶來超過一百萬人的新移民。」在當時，這聽起來是前首相的一廂情願，但是沙米爾在其精彩的一生中確實將許多驚人的願景付諸實現。到了二〇〇〇年，確實有超過一百萬新移民從前蘇聯來到以色列。

這次活動讓我對自己和以色列的未來充滿信心。我發現，只要傳達正確的訊息，許多事情都有辦法達成，還能鼓舞人們採取行動，就算他們不是政府人員、沒領薪水也一樣。活動過後，我和沙米爾共進晚餐，有機會跟他一對一交談。小時候，只要是跟猶太反抗運動有關的書，我都會讀過一遍。我問他，是什麼給了他勇氣反抗英國託管政府，將英國人逐出巴勒斯坦，同時領導地下運動？沙米爾的回答，提供了我時至今日依然非常重視、仰賴的三大智慧支柱。第一根支柱是意識形態，也就是你相信的理念。第二根支柱是選擇正確的組織，讓它成為推廣理念的工具。第三根，也是最重要的支柱，就是堅持不懈（persistence），多數人都是栽在這裡。我擔任公職期間一直遵守他的教誨。沙米爾總理是最後一位真正奉行這三大支柱的領導人。他在一九九二年卸任後，我們討論、思考和平的方式就改變了。沙米爾總理是最後一位不在乎己身形象或歷史地位，只求不愧對猶太人民的以色列領導人。

一九九三年後，某些領導人採取姑息政策，也就是在某些方面讓敵人如願，希望他們會因此放過我們。二〇〇五年，艾里爾・夏隆（Ariel Sharon, 1928-2014）總理取消加薩的所有以色列住宅建案，並撤離所有士兵。[6]這麼做有帶來和平嗎？答案是沒有，相反地，此舉讓哈馬斯在兩年後成功奪權，引發數起衝突。他們從加薩發射上千枚火箭、發起上百場攻擊行動，造成上百位平民傷亡。姑息策略的後果告訴我們，在惡行、霸凌和暴力面前保持沉默有多危險。

在我人生中的重要影響人物，以及自身信念的引導下，我從不隱藏自己虔誠的猶太教信仰。我認為這是以色列對外政策的重要元素，也是以色列的力量來源。想阻撓我們實現目標的人看得出誰在隱藏自己的信仰，這對他們而言是顯而易見的弱點。我從來不隱藏自己以身為猶太教徒為傲的態度，反而是公諸於世。當今世俗主義盛行，許多人遇到類似的政治處境中，是採取跟我完全相反的作法。我會在官方演說和其他活動中引用《聖經》，並在聯合國慶祝猶太活動和節慶。我將猶太教帶入聯合國的大門以及會議之中。

讓猶太節慶進入聯合國、在聯合國舉行猶太教活動和儀式，可以讓他人實際接觸猶太教。我記得上任之初的一次光明節活動，有許多政要參與，包括以色列總統魯文・李佛林（Reuven "Ruvi" Rivlin, 1939-）和其他重要的慈善家。當時有人提議，我們除了傳統的光明節歌曲以外，還可以唱聖誕頌歌。但我無法接受這個提議，因為我辦的不是聖誕派對，所以不希望在慶祝以色列獨立的猶太節日上唱聖誕歌曲。雖然我也喜歡參加聖誕派對，但這可是光明節派對。我清楚告訴提議的人，這種事在我任內不可能發生，而我也信守諾言。

這類活動最重要的意義在於促進國與國之間的理解。我接待各種代表團或外交使團，總共超過一百名的大使參訪以色列，藉此深化他們對以色列和猶太教現狀的瞭解。如此多管齊下的策略成效斐然。我還發現自己也能從某些大使身上學習，他們雖是虔誠的基督徒，卻比許多以色列人都更熟知《舊約聖經》的故事，有些人甚至可以背誦其中的篇章。這些經驗既令人欣慰，同時也讓人體會到自身的不足。

邀請外交使團參訪最初並非易事。許多大使雖然想在我的陪同下拜訪以色列，卻顧忌返回紐約後可能遭受的反彈和批評。我付出了許多心力以及多次的私下聚會，才成功說服他們。第一批參訪以色列的大使回來後和其他大使分享經驗，他們原先的懷疑態度才有所轉變。有人開始要求參與未來的行程，甚至有人抱怨自己太晚收到邀請。就連巴勒斯坦代表也以始料未及的方式助攻。他寫信給所有與我同行的大使母國，抱怨他們竟然參與這種行程。大使最討厭有人向他們的母國批評自己，所以巴勒斯坦代表的行為引起許多大使的怨懟。他原想寫信阻止使團參訪以色列，結果卻造成反效果，讓出訪以色列的使團增加了。

事後的發展證明了帶團參訪以色列是非常划算的投資。我看到聯合國大會對以色列的態度出現轉變。許多參訪過以色列的大使後來晉升為該國的外交部長，位居部長職位的他們仍不斷跟我提起參訪以色列的經驗有多美好。有時候，要求參與行程的是部會首長而非大使，我的回應永遠都是：我歡迎所有人，如果你想來，我們就會歡迎你。畢竟眼見為憑——最能瞭解以色列的方式，就是親眼看看這個國家。我對此一直深信不疑。

安地卡及巴布達駐聯大使沃頓・阿方索・韋森（Walton Alfonso Webson）是盲人，他也在我的陪同下參訪了以色列。因為他看不見，所以必須用雙手的觸覺認識這個世界。通常我會帶大使參觀為大衛城供水的坑道古蹟，但我帶韋森大使去的是朝聖之路（Pilgrimage Road），也就是聖殿山（Temple Mount）朝聖者走的大道。這條位於大衛城的道路現在開放一般民眾參觀，遊客可以走在古人曾經走過的石頭路上，觸摸牆壁，並聆聽地下通道的聲響。當時我們在一枚古老硬幣嵌在地面上的地方駐足。通常我們會指出硬幣讓大使觀察，這次我們給韋森大使一枚真的硬幣，讓他用手細細觸摸。過了半晌，他告訴我：「我現在能感受到猶太人和這塊土地的連結了。」

有人會質疑，安地卡及巴布達和其他小國對國際關係與聯合國事務的影響微乎其微，何必浪費時間在他們的大使身上？這種想法不僅錯誤，而且目光狹隘。所有國家都有能力改變對以色列的態度，進而直接影響政策，在聯合國尤其如此，因為在聯合國大會中每個國家的選票都有相同分量，所以小國一樣非常重要。歐洲國家、中國、俄羅斯和美國雖然強大，但若想讓進入大會的決議通過，小國的支持可不容小覷。小國支持我們的一個原因是來自於我們為他們樹立的榜樣：如果我們能為自己挺身而出，他們沒有理由不行。這也是搭起橋梁、結交盟友的方法。

小勝利，大影響

有天我和顧問到聯合國食堂買午餐，我發現那裡雖有供應穆斯林的清真食品（halal food），卻沒有供應猶太潔食。我問顧問原因，他回答：「因為只有你會注意到這種事。」言下之意就是只有我在乎聯合國有沒有供應潔食。這個答案一點道理也沒有，絕對不只有我注意到。我當下就告訴他，我們必須改變這件事。我要求跟聯合國的管理事務負責人，來自日本的管理事務副祕書長——高須幸雄（Yukio Takasu, 1946-）會面。

我們事前跟他解釋要求開會的原因。我以強硬但不失禮貌的用詞致信副祕書長，表示希望聯合國食堂供應潔食，一如他們配合其他宗教、飲食限制與規定供應特殊食品。他當下非常緊張，因為他以為供應潔食必須特地設立專門廚房。我在會議一開始就告訴他不必擔心，沒有必要蓋新的廚房。這個問題有更簡單的解決方法：紐約有許多猶太外燴業者，我給了他幾家能供應潔食的公司名稱。他很喜歡這個點子。我們會面的兩週後，他打電話告訴我，食堂隔天就會供應潔食。

我有點擔心潔食會沒人買，覺得自己可能小題大作了。我們使團每週都在聯合國大樓外召開員工會議。我決定將那週的員工會議改到聯合國舉行，並要求使團成員到食堂的潔食區買午餐，讓他們至少不會第一天就沒生意。結果是我多慮了。我們開完會一起去買午餐時，發現所有潔食都賣完了！潔食在大家眼中很健康，所以大受歡迎。為什麼這件事很重要？因為我們以和平，甚至可以說是「美味」的方式傳達了以下訊息：以色列是聯合國的一分子。我們尊重他人，也要求他人尊重我們，包括我們的食物、傳統和習俗。

我們還在聯合國舉行許多猶太節慶活動，這也是史上頭一遭。雖然許多大使都住在紐約，對猶太節慶略知一二，但並不曉得這些節慶背後的意涵。我和太太泰莉、我們的孩子阿維德、希拉和喜拉一同帶他們認識逾越節（Passover）[7]、光明節等節慶。這是許多大使第一次認識以色列的歷史和傳統。比方說，我們在聯合國模擬舉行逾越節晚餐。原本我不確定有沒有人會參加，幸好，總共有七十五名大使加入我們。這個活動我連續辦了四年，許多大使都參加過不只一次，包括土耳其大使（他參加過兩次）。儘管我們在談判桌上立場對立，這些活動能讓我們的工作關係更加順暢。

此外，我還費盡千辛萬苦說服聯合國將贖罪日（Yom Kippur）[8]訂為官方假日，那天不得舉行任何正式會議，員工也可以自行選擇要不要上班。我開玩笑說，聯合國協助通過那麼多不利以色列的決議，現在有一天的時間可以懺悔了。

這些勝利看似微小，卻能對抗更大的問題，像是反猶太復國主義的盛行，以及某些人一味反對以色列政策，甚至主張猶太民族國家無權存在的情形。在通常不支持消滅其他國家的族群和國家間，這種形式的反猶太復國主義逐漸成為一股不容忽視的潮流。放任這種想法蔓延、擴散，顯然不利於以色列的安全。

許多人錯以為以色列是造成邊境動盪、與巴勒斯坦恐怖組織發生暴力衝突的罪魁禍首。簡單來說，他們認為我們「占領」了屬於巴勒斯坦人的巴勒斯坦「領土」。我們並未打壓巴勒斯坦人，巴勒斯坦領導層的許多次行動中早已證明了，是他們自己阻撓人民取得繁榮和自由。事實上，以色列的敵人早在我們踏上加薩或猶大－撒馬利亞區之前，就處心積慮地想要摧毀我們。我們還自願地交還了在戰爭中占領的土地，其面積比世界上任何國家交還的都要多。

許多溫和派阿拉伯國家的人民和代表都瞭解我們許多年前就搞懂的事：衝突無法

解決不是因為我們不想解決，而是因為巴勒斯坦人不願意好好解決。他們對此也感到厭煩，於是告訴巴勒斯坦人：「夠了，好好坐下來跟以色列人協商吧。如果你們不願意，就由我們來協商。」

二〇一九年四月二十七日，加州聖地牙哥波威（Poway）郊外的哈巴德猶太會堂在逾越節發生槍擊案。不久後，我召開聯合國大會特別會議，探討如何對抗反猶太主義，我們邀請該猶太會堂的拉比伊斯羅爾・葛斯汀（Rabbi Yisroel Goldstein）——他也在槍擊案中受傷——到聯合國大會發表演說。聽見拉比跟各國領袖分享當天的事發經過，我非常感動，覺得深受啟發，遭遇不幸並未改變拉比虔誠的信仰，反而讓他更為堅定。

有次安理會針對以色列進行辯論，我決定引用《聖經》說明猶太民族對以色列土地的永恆權利。我發表演說前戴上亞莫克帽（yarmulke）[9]。有些大使對我直率的發言感到震驚，但那場演說在網路上瘋傳，後來被特別稱為「聯合國安理會的《聖經》演說」。有些專業外交官看到同儕引用《聖經》會感到尷尬、不舒服。但這麼做很重要，可以彰顯《聖經》賦予我們對這塊土地的權利。平常的外交手段雖然有用，但如果想要有力地表明立場，我們必須跳脫窠臼，將自己內在的價值觀和情感帶到談判桌上。

專業外交官會盡力避免在公開場合表露個人情感。我是第一個在談判桌上引用《聖經》的人，而且這替我的主張贏得尊重，進而強化了我國根據國際法所享有的權利。有時，與我合作的專業外交人員得知我這種充滿創意的手段，會感到不太自在。只有在他們看到上述作法的成效後，才意識到有效率的外交並沒有標準答案。我鼓勵他們善加利用自己的故事和情感，他們也從我身上學到如何讓演說更吸引人。一旦你吸引外交同儕的注意力後，就能有效地傳達訊息。

因為我在以上事件中直言不諱的態度，過去對以色列不友善的人們才終於敞開心胸，與我們對話。在我讓以色列「走進」聯合國以前，多數人只知道反對以色列的片面觀點。過去，許多人未曾思考與以色列相關的事務，我成功吸引他們的關注，因此大幅改善了我們的處境。邀請重要國家的大使參訪以色列，提升了我們的地位，也能鞏固國家安全。某些國家在聯合國的表決行為也因此改變，墨西哥就是其中一個例子。我透過墨西哥大使成功與該國建立關係，參訪以色列後，他就開始關注與以色列有關的任何決議，也能跟在墨西哥城的長官討論以色列相關事務。結果就是墨西哥開始在決議中作出對我方有利的表決。墨西哥是個龐大的國家，擁有強大的友邦。因此，能說服他們瞭解、考量我們在議題上的觀點，著實是不小的成就。

第四章　打開門戶＝敞開心胸

關係即關鍵。

從事外交工作必須積極追求目標，但也得明白凡事有起有落。外交工作者必須瞭解，想做好這份工作就不能期待每次都能取得勝利，也不該嘗試取悅所有人、讓對手輕鬆達成目的，或是縱容懷有敵意的人。外交應該是國家政策的重要環節，能增進國家利益、穩定性和國際影響力。要達成這些目標，我們必須伸出援手，幫助瞭解我方顧慮、支持我們目標，而且有共同價值觀和抱負的盟友。真摯友誼的重要性不容低估，結交好友不只對政策制定有益，也能讓國家、人民之間產生更深層的瞭解、同理心和關懷。朋友是可以互相理解的人，敵人則相反。簡單來說，國家必須維持獨立自主，但依然需要友邦。良好的外交關係就像日常生活中的誠摯友誼，能抵擋外界的炮火，度過危機時刻。在危機中，我們才有辦法看清誰是真正的好友，願意與我們同一陣線，付出代價也在所不惜。

儘管一般都覺得認為聯合國是以色列敵人的大本營，但我們依然有辦法而且也應該在那裡結交許多朋友。我將結交朋友視為職責，對我來說，這份工作並不只是行禮如儀、交際應酬，而是增進以色列利益的重要機會，而增進以色列的利益也能增進區域內和國際間的和平，讓全球更加繁榮。聯合國提供了我與各國代表互動的管道，若在其他場合，我是沒有機會公開這麼做的。

想想看：以色列每次派外交特使到阿拉伯國家都必須極度審慎，若這種訪問被公開討論，就有可能成為引發政治反彈，甚至可能招來極端分子和恐怖分子的暴力行徑。但在紐約的聯合國是一個正當、公開的平台，讓我能隨時會見任何人，不必擔心有人等著看我失敗。讓敵友間有辦法互相溝通，本來就是聯合國成立的目的，因此儘管在二十一世紀備受質疑，聯合國依然是一個有效的工具。在聯合國——或任何地方（無論是否為外交場合）——建立人際關係，對各種工作都有所助益，能讓我們結交各種盟友、簽訂貿易協定，以及舉行和平協商。

所有國家都需要盟友，在聯合國也不例外。因此許多國家會組成策略同盟，特別是地理位置相似或擁有其他共通點（無論意識形態、文化、經濟）的國家。儘管各國在聯合國與彼此暗中較勁，成為集團成員就有機會與其他國家同心協力完成目標。聯合國中，許多由選舉產生的職位會分配給區域性集團。因此，我經常必須同時跟許多國家合作或協商，試圖在區域性集團內為我方立場爭取支持。

聯合國集團對成員國的內部決策有極大的影響力。不幸的是，某些集團會公開採取敵視以色列的立場，例如七十七國集團[1]（簡稱G-77）。這個集團由冷戰期間不願意選邊站（支持美國或蘇聯）的不結盟國家組成。一九六四年六月十五日，G-77由七十七個開發中國家成立。時至今日，集團成員已增加到一百三十四個國家，但為了歷史意義而保留了原始名稱。G-77是聯合國最大的開發中國家跨政府組織，提供管道讓成員國表達、推廣集體的經濟利益，並且增強了成員國在聯合國討論重大經濟議題時的聯合談判能力。然而，在對反以色列的決議進行投票時，某些集團成員會向其他成員施壓，要求他們支持不利以色列的決議。因此，我經常必須想方設法讓個別大使不受來自集團的壓力影響，這種作法比改變眾多成員國對以色列的看法有效多了。

跟G-77國家大使建立私交，讓我有辦法展現我國人性的一面，這是聯合國有關以色列的討論中經常欠缺的元素。若能讓這些大使認識我們，他們就不會害怕公開為我們說話，也能協助改變他人對以色列的態度。舉例來說，我和新加坡和印度大使非常友好，這兩個國家在G-77都相當活躍，在某些情況下，他們都願意公開在G-77為我們說話，引導集團趨向支持我們。

在許多國家，駐聯大使也負責回報世界現狀，讓國內瞭解目前的國際趨勢、挑戰和機遇。許多國家的駐聯大使也是國家元首核心集團的關鍵人物，所以在聯合國廣結善緣非常重要——因為這麼做能有實質成果。許多狀況下，你可以透過駐聯大使直接接觸一國的領導人，而且許多大使在其政府中擔任內閣職位。即使是美國駐聯大使也可能扮演影響對外政策的要角（取決於當權者是誰）。某些駐外大使可能沒有實權，但駐聯大使絕非如此。很多駐聯大使卸任後會回國擔任政務官，有些人會當上國家元首或外交部長。所以跟這些人建立關係是很有幫助的。

只要發現有機會結識某人，我通常會率先主動接觸對方。事實上，由於聯合國對以色列充滿敵意，有許多大使並不想接近我。所以我必須主動出擊，我也很樂意這麼做。我把握所有機會，從不以國土大小或經濟、軍事實力評斷一個國家。我甚至不會以支不支持聯合國的反以色列決議作為評判標準。如果我覺得有能力改變對方的想法，我就會付出心力去改變。這就是外交政策應有的作為。

結識平常社交和工作圈以外的人和他們的家庭，讓我大開眼界、增廣見聞，我相信對方一定也有同感。當他人認識你，瞭解你代表的地方或事件有何歷史脈絡後，他們並不會因為熟悉而對你產生輕蔑，我反而認為這是促進理解和良好工作關係的最佳方式，能為我們一同追求穩定和國家安全的合作打下基礎。

不管是在鮑爾擔任美國代表的歐巴馬政府時期，還是海莉擔任美國代表的川普政府時期，我都會確保其他國家的代表能夠順暢地聯絡到以色列駐聯大使團。很多國家代表會問我能不能代他們跟美國、俄羅斯溝通，或協助安排會議。只要我辦得到，我一律都會答應。有一次，有個與我國友好的東歐小國希望能到華府跟時任總統川普會面，但該國外交部無法與美方敲定會議。根據慣例，美國通常只會派國務卿接見小國代表，而非由總統親自接見。這個小國請我幫忙安排會議，於是我就幫了這個忙。類似的事情和請求在歐巴馬執政時期也有。

這是我幫助人以及展現誠意的方式。有時候需要協助的是雙邊問題，有時候是單一國家的問題。我不只有辦法跟美國使團溝通，還能打給與我有私交、願意接我電話的美國參、眾議員。只有我有能力，我總是很樂意協助其他大使會見官員，或幫忙陳情。為人慷慨的好處能持續很久，可以建立穩固的友邦，並贏得敵友雙方的敬佩。

向敵營示好

我從不猶豫向那些在既有印象中與我們比較疏遠，或是沒那麼「重要」的國家伸出援手，而且我提供了許多次這類協助。比方說，我常因為各種議題（主要跟我國與巴勒斯坦之間的衝突有關）跟土耳其大使針鋒相對。我們與土耳其的關係很複雜。有一次，海莉大使和我一起推動譴責哈馬斯的決議，而土耳其總統艾爾多安（Recep Tayyip Erdoğan, 1954-）直接下令要土耳其大使反對。土耳其是北約（North Atlantic Treaty Organization, NATO）成員國，卻容許哈馬斯在領土內運作。土耳其政府允許哈馬斯高層人員在領土內生活、工作。哈馬斯是恐怖組織穆斯林兄弟會（Muslim Brotherhood）[2]的分支。如果聯合國通過針對哈馬斯的譴責案，肯定會讓土耳其總統難堪。

艾爾多安是個令人難以信任的人。他曾發表煽動反以色列情緒的極端言論，[3]還為了國內政治目的消費巴勒斯坦的衝突。他利用敏感的耶路撒冷議題挑動暴力，並利用加薩局勢促進自己在阿拉伯世界的形象。我們與土耳其的關係起伏多變，所以跟土耳其大使打交道時總得戰戰兢兢。

面對土耳其大使時，我把這一切都記在心裡。我們對反以色列議題的看法大相逕庭，儘管如此，我們依然有辦法在開會時進行有意義的對話，讓關係得以維繫。我甚至曾邀請土耳其大使到我在紐約的家，雖然這讓土耳其和以色列的某些人感到不悅，但我們因此搭起溝通的橋梁，能夠進行更深入的討論，我也因此得知許多內幕。若非我費心主動伸出橄欖枝，我不可能在某些議題中得到土耳其或其他國家的支持。

只要對方有意願，我們永遠保持對話的可能性，這種作法有其意義，也能帶來收穫。儘管艾爾多安的言行必須嚴加觀察，但在二〇二〇年十二月，他在以土關係緊張多年後公開說道：「土耳其希望能改善與以色列的關係。我們與以色列的情報合作正持續進行。」土耳其也改變了對整個中東地區，尤其是對以色列的對外政策。二〇二〇年十一月，也就是艾爾多安發表上述談話的三週前，他的密友，土耳其前少將吉哈・亞伊茨（Cihat Yaycı, 1966-）提出與以色列共用海上邊界的協議。我將此一成果大幅歸功於我於此描述的政策和策略。但不出所料，他後來扭轉了立場，宣稱加薩「沒有人權」（no right in humanity），[4]而且耶路撒冷屬於土耳其。[5]

二〇二一年四月，有數則報導指出土耳其方面想重派大使到特拉維夫，前提是以色列政府必須採取相同的舉措回應。[6]然而，雙方最主要的分歧——哈馬斯以土耳其當作行動基地——依然尚未化解，因此以色列沒有接受這個提議。[7]但是希望依然存在。土耳其曾是以色列重要的經濟、外交和國防伙伴，只可惜我們現在的交情不如以往。還有一點也很重要：儘管我們不滿土耳其袒護哈馬斯多年，以色列依然從未與土耳其斷交。

二〇二一年四月，土耳其總統經濟政策委員會的委員哈坎・尤達庫爾博士（Dr. Hakan Yurdakul）參與了歐洲猶太議會（European Jewish Parliament）的一場研討會，希望兩國能恢復以往的良好關係。土耳其也希望與區域內其他國家的關係能正常化——他們已經見到了不祥預兆（the writing on the wall），即迎合恐怖分子、庇護哈馬斯的作法並不見容於現代世界，因此向開羅當局伸出橄欖枝。二〇二一年三月，土耳其政府下令，禁止伊斯坦堡與穆斯林兄弟會有關聯的新聞頻道播送批評埃及的報導。[8]這是一個訊號，顯示艾爾多安政府準備開始驅逐或打擊在伊斯坦堡生活、工作的哈馬斯領導人。就讓我們靜觀其變吧。

二〇二一年三月，納坦雅胡總理在聯合黨於巴特亞姆（Bat Yam）的競選活動中向全世界證實，以色列和土耳其正在針對東地中海區域的天然氣生產進行談判。我們隨時都歡迎、也願意展開對話。總理表示，我們和土耳其的對話仍在持續當中，而且成果豐碩，此外也與埃及、希臘和賽普勒斯有類似的討論，目的是將天然氣出口至歐洲。

但面對人道議題，至今我們一直都將經濟和政治區隔開來討論。隨著越來越多國家與以色列合作，將與我國的外交關係正常化（此趨勢在二〇一五年後加速發展），土耳其發現自己逐漸受到孤立。此外，土耳其與美國的緊張關係也令人擔憂。這是一個棘手的問題，但我們依然持續努力化解。我們保持戒慎恐懼的態度。

和區域內其他國家一樣，土耳其對伊朗的核武發展充滿擔憂，也擔心伊朗對區域內特定組織的影響力日益增長。土耳其想要遏止這種發展是正確的，但他們必須採取正常、前後一致的態度與以色列合作。目前以土關係很不穩定——今天，我們可能有共同的利益，結果隔天艾爾多安又煽動民眾仇視以色列。我們必須把握每次與土耳其在談判桌上會談的機會，既抱持著開誠布公的原則，同時也要步步為營。

無論是在聯合國或其他場合，良好的工作關係都對以色列的安全有益，而且不僅限於修復國與國之間的關係。這些年來，我常和另一個重要小國的穆斯林大使私下會面，我們成為了好友。我們接待他和他的家人，他也投桃報李。聯合國推動譴責美國大使館遷址耶路撒冷的決議時，他只能選擇支持，否則會引發國內和其他國家駐聯大使的強烈反彈。但他事先與我分享決議的相關資訊，讓我有辦法修改其中的煽動性語言。他很精明地避免違背所收到的指令，而是私下提供我情報，讓我作好心理準備並向友邦示警。最後，我們與友邦成功更改了決議的措辭。

有時候，我會選在私人住宅和穆斯林大使見面。今天以色列與某個穆斯林國家的關係能如此緊密，就是我在聯合國種下的因。當時，我和該國大使約在一位猶太裔美國領袖的公寓見面。如此一來，穆斯林大使就能老實地說自己只是去參加雞尾酒派對——參加雞尾酒派對不需要徵求國內上級的許可。這次社交活動讓我們得以自在地表達自己真實的性格，為未來的實質合作打下基礎。

二〇一六年，我拜訪阿拉伯聯合大公國（阿聯），並親眼看到了阿拉伯灣（又名波斯灣）和伊朗。這次出訪很不好安排，而且過程中必須萬分謹慎。在二〇二〇年以前，阿聯一律禁止以色列人入境。我當時去是為了參加聯合國的會議，連取得邀請函都費盡千辛萬苦。最後，阿聯官方終於破天荒地發出邀請。為了安全考量，我只能從幾家航空公司中作選擇，並非每家民航公司都能搭乘。我的護衛人員縝密地檢查航班路線，確保班機不會經過伊朗（萬一發生緊急狀況，我們就不會被迫在伊朗降落）。當時阿聯官方不承認以色列，所以我還得取得特殊簽證。因為航空公司的電腦不允許持有以色列簽證的乘客搭上前往阿聯的飛機，我們在紐約甘迺迪機場（JFK airport）無法順利取得登機證，花了好一陣子才解決這問題。

我在拜訪阿聯期間成功地安排了與一位高階官員的當面會談。他告訴我，如果伊朗發射飛彈，第一個目標很可能是阿布達比（阿聯首都），而不是耶路撒冷。這次互動促進了以色列和阿聯在對抗區域內恐怖主義的政策上合作，並在聯合國採取行動對付伊朗。因為這次會議和其他討論伊朗侵犯的會議，讓以色列有辦法與阿聯和區域內其他國家持續合作。

以色列與阿聯今天的合作程度之深，跟五年或十年前完全不可同日而語。現在，特拉維夫和阿聯之間每週有超過十六班直航班機。我在二〇一六年拜訪阿聯時，接待人員非常有禮貌，但他們會確保不讓我登上任何媒體版面，也要求我不要在社群媒體上張貼任何拜訪的相關資訊。在幾個場合中，他們甚至沒拍團體照，以避免我入鏡。現在情況完全不一樣了。阿聯政府邀請我參加在杜拜舉辦的二〇二〇年世界博覽會（Dubai Expo 2020），當時我非常訝異，我發言的那場活動竟然有那麼多媒體報導，甚至有許多與會來賓想跟我這位以色列來的訪客自拍。

以色列和阿聯在簽訂和平協議前就有合作關係了。我們在紐約的所有合作都必須私下進行。我們會在白天到旅館開會，因為在公開場合見面的風險太大，這讓我感覺好像對老婆不忠。有次，我在進旅館開會前接到阿聯大使的電話，她要我先別下車，然後把新的開會地點傳給我。原來那天我們安排開會的旅館要接待名媛金・卡黛珊（Kim Kardashian, 1980-），她吸引了我們亟欲躲避的大批媒體。

妮基・海莉大使為美國駐聯大使這個職位帶來了全新氣象，她樂於合作的精神顯示良好的工作關係對於推動政策有多重要。她從不吝於公開表示支持以色列。妮基成為美國首位通過反抵制、撤資、制裁運動（Boycott, Divestment, and Sanctions, BDS）法律的州長時，我就聽說過她了。[9]我剛上任駐聯大使時就要求幕僚安排參訪南卡羅來納州，但因為當時聯合國發生的一連串事件，最後不得不取消。

聽說她要擔任駐聯大使，我感到又驚又喜。按照慣例，新大使上任必須先接見重要國家的代表。拜會完法國和英國大使後，她決定「忽略」慣例先跟我見面，[10]這讓我受寵若驚。妮基向我保證，她上任後情況絕對會跟過去不同。她和我一樣，當上大使前就已投身政治多年，我們都因為缺乏對外事務和外交經驗，以及個人的政治背景遭受批評。我告訴她，根據我的個人經驗，最好的作法是無視這些批評，堅守自己信仰的真理。

我們兩家人成為了好友，這對我們的合作關係非常重要。我們一同面對成功和失敗。她多次拜訪以色列，我有幸在她初次拜訪時擔任東道主。多年合作下來，我非常欣賞她的品格、深思熟慮和聰明才智。

我太太泰莉和我十分幸運能與妮基和她丈夫麥可度過不少相處時光，我們的友誼一直維持至今。因為我們是朋友，妮基知道只要我在家裡舉辦活動，永遠都會歡迎海莉一家人，而她對我們家也是如此。他們會參加我們舉辦的光明節派對；我和太太也會參加他們的聖誕節派對，以及眾多晚宴，這些場合不乏有趣的賓客，像是亨利・季辛吉（Henry Kissinger, 1923-）、伊凡卡・川普（Ivanka Trump, 1981-）和傑瑞德・庫許納（Jared Kushner, 1981-）。我經常遇見與以色列沒有外交關係的大使們，這是我破冰並且建立個人聯繫的絕佳機會，而且這可能對政策制定產生相當深遠的影響。我也有幸認識她多才多藝的優秀兒子奈林（Nalin Haley, 2001-），他還到以色列使團實習過。

妮基有說實話的性格和骨氣，即使她在聯合國會議中處於少數派的情況下也堅定不移。她在我的陪同下拜訪以色列，不管哪裡都受到熱烈歡迎。有一次，我們在以色列國會的停機坪準備搭直升機，附近一群極端正統（ultra-Orthodox）猶太教的女孩認出她，跑過來擁抱她。那個畫面很美好，沒有經過事先排練，非常真實、自然。這種經驗會深植人心，讓我們有辦法理解複雜議題，也突顯了跨文化友誼的重要性。

以色列人很感激妮基有機會來訪，親自來認識我們的國家。我們搭直升機到耶路撒冷上空，鳥瞰這座古老的城市。直升機飛到以色列南端，我為她指出以色列和約旦、埃及之間的邊界。我永遠忘不了那一刻，當時她叫我不用指了。「我看得見，」她說：「只要土地是綠色的，就是以色列。」她親眼見證「化沙漠為綠洲」不只是個譬喻，而是確實在發生的現實。我們還拜訪加薩邊境的社區，她和當地的人們見面、說話，他們非常感謝她和他們一起面對挑戰。

若你到以色列的邊境，親眼看到哈馬斯恐怖分子挖的隧道，絕對會深受震撼。當一位育有年幼孩童的母親告訴你，她每天晚上都能聽見窗外的槍火聲，你一定無法釋懷。妮基身為母親，對她們的心情感同身受，於是她擁抱她們。回到聯合國後，妮基轉述她親眼見證的狀況，也不害怕提起她目睹的艱鉅局面。

擁有共同經驗能強化工作關係，並讓人更深入瞭解想達成目標必須克服的挑戰。妮基那次參訪，我還帶她到以色列與黎巴嫩邊境的一個觀測點。事前，以色列國防軍北區司令部的高階指揮官對我們進行特別簡報。透過電子望遠鏡和遠視程高科技裝置，我們清楚看到真主黨在邊境另一頭活動。這顯然違反了聯合國安理會第一七〇一號決議，該決議僅允許黎巴嫩軍隊在此活動，並禁止真主黨這麼做。但真主黨在邊境的附近建立基地，占領我國國界周遭絕大多數的土地，並稱之為「綠地」（green areas）或自然保護區，防止聯黎部隊（United Nations Interim Force in Lebanon, UNIFIL，即聯合國駐黎巴嫩臨時部隊）的偵察。

我低聲告訴妮基：還真巧，恐怖組織成員突然間就順理成章地變成綠色無國界（Green Without Borders）運動的環保人士了呢。我們的情資提供了另一種解釋：這全都是真主黨的軍事基地。聯合國維和部隊本應監控他們，卻被告知這裡是不得進入的「保護區」（preserves）。因此，聯合國維和部隊等於是默許真主黨在以色列邊境取得火箭和飛彈。他們沒有監控真主黨，反而推卸責任。妮基親眼見證了這種情形。

時任聯合國駐黎巴嫩臨時部隊特派團團長暨部隊指揮官（Head of Mission and Force Commander），愛爾蘭陸軍少將麥克·比利（Michael Beary, 1956-）也參與了當時的簡報。比利將軍提早抵達，以色列國防軍報告邊境另一頭令人擔憂的現狀時，他也在場。儘管聽了以色列國防軍的報告內容，他依然堅持當時的情況很和平。妮基問他怎麼說得出這種話，她親眼看到事實分明並非如此。黎巴嫩軍隊顯然與真主黨同流合汙。妮基問我安理會每年會在什麼時候延長聯黎部隊的任務，我回答就在幾週之後。

她告訴我，我們一回紐約就必須修訂決議內容。

聯合國維和部隊是區域內的重要武力，但他們因為深怕聯黎部隊遭到攻擊，經常不敢與真主黨交戰。他們過去曾試圖加強維和力道，結果便遭到攻擊，導致幾名西班牙士兵喪命。真主黨傳達的訊息是：如果你開始認真地維和，就必須付出代價。

聯黎部隊每一任指揮官都面臨兩難。他們一方面想保護麾下士兵，而另一方面，想完成任務，就必須與真主黨交火、阻止他們的活動，或至少回報他們的動靜。我不期待聯黎部隊會真的與真主黨動武，但我希望他們至少能確實、精準地回報真主黨的活動。每當聯黎部隊試圖進入可疑的區域，就會遭到阻擋。

維和部隊可以每個月整理一份清單，記錄這一個月內他們嘗試進入哪些區域未果，這樣就能讓安理會知道有人在這些地方做不該做的事。於是，我們與美國團隊合作，要求修訂維和部隊的作業程序，特別是針對可疑地點定期報告這一方面。法國和義大利不支持我們的想法；他們並不希望有任何改變。義大利向來很在乎派駐中東的義大利士兵的安危。多虧我與海莉大使和美國團隊的良好關係，我們成功博取了美國使團的關注和支持，成功更改維和部隊的報告程序。最後決議修訂成功，我們希望聯黎部隊回報可疑事件的要求也得到滿足。

國無貴賤

以色列關注的不只是穆斯林國家和美國。一個國家要尋求穩定和強盛，就必須向世界各國敞開大門。在聯合國，團體隸屬關係有其實質意義和重要性，因此我有策略地和分屬不同大陸與集團的國家合作。多年下來，我發現東歐國家跟以色列有很多共通點，而且他們對我們的態度相當友善。跟某些西歐國家不同，東歐國家在歷史上並未與阿拉伯世界有過糾葛。他們原本受到蘇聯統治，並未經歷英、法等國曾經經歷的掙扎與衝突。這些年輕國家因為不必背負與中東相關的政治包袱，所以能夠獨立地形成自己的政策。而且他們國內的穆斯林極少甚至沒有，他們也沒有經歷過穆斯林移民潮。移民的穆斯林通常都只是經過東歐，然後再前往較富有、社會福利體制較龐大、擺出更歡迎移民姿態的那些國家，像是德國和北歐國家。

對我而言，主動接觸東歐國家並與他們的大使建立友誼是非常重要的。我邀請這些大使到我在紐約的家，並且確保我在聯合國主辦任何活動他們都會收到邀請。同樣地，我也堅持要接受他們所有的邀約，參與他們發起的所有活動。我發現，只要我在聯合國辦活動，保加利亞大使幾乎都會參加。保加利亞是以色列忠實的友邦，因此我很樂意跟他交朋友。只要有機會，他就會跟我們站在同一陣線，而我們也以同等的忠誠回報。捷克和匈牙利的大使也經常參與以色列主辦的活動。

我引介這些大使與紐約有意思的猶太社群相互認識，其中包括有助他們國內經濟成長，來自科學、科技等重要領域的人士。我每次在自己家中舉辦晚宴時，都一定會邀請這些領域具影響力的人物，讓東歐國家的大使們有機會在輕鬆友善的環境中與他們交流。能夠媒合互利互惠的關係、鞏固國家之間萌芽的友誼，我感到很有成就感。

隨著捷克、匈牙利和保加利亞的自信心提升與經濟實力逐漸成長，他們已經，而且會持續透過支持以色列來展現自己的獨立自主。這是我們強化與他國人民和政府關係的大好機會。作為成長中的年輕國家，他們能夠體會以色列面臨的挑戰。我相信他們以後會繼續拒絕西歐無條件支持巴勒斯坦、敵視以色列的立場。

這個趨勢讓某些歐盟成員感到不安。法國等強國已經習慣所有歐盟國家全盤接受自己推出的任何決策。各國都很重要，因為歐盟的決議必須由所有成員國一致同意才能通過。近來，有幾次決議無法通過的原因，都是遭到東歐成員國反對。像是美國大使館遷址耶路撒冷時，歐盟試圖譴責美國和以色列這項合法、遭延宕許久（而且歐盟自己早已承諾）的作為，東歐成員國便將此譴責提議擋了下來。

東歐國家已經證明他們是以色列格外重要的朋友和盟邦。歐盟國家每週都會在聯合國開會討論各種議題，包括對以色列不利的議題。舉例來說，愛爾蘭就經常帶頭跟以色列唱反調。先前說到我跟海莉大使在聯合國大會推動譴責哈馬斯的決議，我們爭取到許多歐盟成員國的支持，但愛爾蘭大使潔若汀・伯恩・納森（Geraldine Byrne Nason, 1959-）卻試圖破壞我們努力的成果，另外提起一項譴責以色列的決議，並用各種程序性手段阻撓我們的決議進入表決。這種行為令人不齒，更糟糕的是，沒有西歐國家站出來為我們說話。不過，一位出席會議的東歐國家大使將這些討論的內容用簡訊發送給我。我整理完我方觀點之後便用簡訊回傳給這位大使，並且由某位東歐大使分享該內容給眾人知曉。

我花很多時間關注伊朗議題，因為發生在中東的任何動盪，都能看到伊朗政權的蹤跡，無論是黎巴嫩的真主黨（或他們在敘利亞的代理人），還是加薩和葉門的哈馬斯——只要是你想得到的組織，背後都有伊朗撐腰。這個國家每年花數十億美元推行恐怖主義。要對抗伊朗勢力，主要的挑戰來自西歐國家。我們持續跟這些國家協調。我們與澳洲、加拿大和美國的友誼可以平衡來自某些西歐歐盟成員國的敵意。我們也與歐盟國家分享重要資訊和情報。他們沒辦法對伊朗政權的敵意視而不見，所以我們逐漸開始看到改變。例如德國立法禁止真主黨活動，將他們列為恐怖組織。我們希望有更多國家站出來對抗伊朗的侵略行為。

在我們的努力之下，許多非洲國家已經重申對以色列的支持。以色列與漠南非洲國家[11]的關係可追溯至一九五〇年代中期。我國與多數漠南非洲國家的外交關係，都是在我們與迦納建交後才建立的。到了一九七〇年代早期，以色列已經和該區域三十四個國家建立了正式邦交關係。這是非洲與以色列良好關係的自然展現。當時，年輕的以色列急著想與剛獨立的非洲國家分享經驗和專業知識，因此我們開啟了多項雙方互惠的合作計畫。一九五〇和一九六〇年代期間，以色列協助迦納、獅子山共和國（Sierra Leone）、象牙海岸、奈及利亞等撒哈拉沙漠以南的國家（sub-Saharan countries）成立農業合作社、開辦青年訓練課程，並建設醫療基礎建設和工業設施。

一九七三年的贖罪日戰爭，以及隨後爆發的全球石油危機，改變了我國在非洲的處境。多數漠南非洲國家為了遵守非洲統一組織（Organization of African Unity, OAU）[12]的決議而與以色列斷交。該決議由埃及提出，內容呼籲非洲各國與以色列斷絕關係。在這個時期，只有三個非洲國家（馬拉威、賴索托和史瓦濟蘭[13]）與以色列維持完整的外交關係。雙方依然有著為數不多的商業聯繫，非洲學生持續在以色列參與訓練課程，而以色列的科學、科技或其他領域專家依然留在非洲，從事性質較非官方，但依然很有幫助的工作。

一九八〇年代起，我們逐漸開始與漠南非洲國家恢復邦交，近來，因為以色列與許多阿拉伯鄰國的和平協商有了進展，復交速度越來越快。到了一九九〇年代晚期，我們已經與撒哈拉沙漠以南的四十個國家正式重新建交。

二〇一九年四月，在建交五十年後，以色列駐盧安達大使館開張了。此時距離二〇一一年以色列駐迦納大使館開幕已經過了八年（我們與迦納早在一九五六年就已建交）。駐盧安達大使館是我們在非洲大陸上的第十一座大使館。

盧安達總統保羅・卡加米（Paul Kagame, 1957-）與以色列的關係很穩固。這段關係是很好的榜樣，能讓重要的非洲國家看到與以色列結盟有何好處，讓他們瞭解，成為以色列的盟友依然能在國際舞台上扮演要角。其他非洲國家看到盧安達與以色列的合作，便能明白我們敵人所施加的威脅都只是虛張聲勢。

非洲蘊含許多合作和互利的機會。非洲大陸有豐富的自然資源，而我們擁有專業知識和科技，能幫助他們運用資源、為人民謀福利。我在聯合國時，經常舉行為時一小時的早餐簡報會，邀請以色列的科學家和科技專家參與，而且每次都會確保非洲的大使們收到邀請。出乎我意料之外，這些大使都會待到最後。他們對以色列提供的解決方案深感興趣，特別是水資源處理、品質控管和輸送方面的技術。

另一個我們有所進展的區域是亞太地區，這個區域包括整個亞洲和環太平洋地區，其中許多國家都隸屬我稍早提到的G-77。隨著G-77的規模擴張，越來越多亞洲國家加入，他們也傾向不選擇政治立場。面對以色列議題，他們習慣保持中立，但在聯合國，中立就等於反對以色列。再者，某些亞太國家是穆斯林國家（例如印尼），他們承受了非反對以色列不可的龐大壓力。

話雖如此，我擔任駐聯大使時出訪新加坡的行程卻相當成功。我們從一九六九年就與新加坡建交，他們對以色列相當友善。所有新加坡人都記得，在一九六五年他們被迫獨立，沒有其他國家願意伸出援手的時候，是以色列幫助他們建立並訓練軍隊。[14]每位新加坡政府官員跟我見面的第一句話，都是感謝以色列的幫助。我銘記在心：多虧一九六〇年代以色列領導人明智的投資，我們今天才得以享受如此堅固的情誼。

我和新加坡外交部長的談話著重在科技合作，此外，我也問他是否有辦法協助我們強化與印尼的關係。我得到的答案令人失望：雖然印尼也想跟以色列有更緊密的關係，但是時機不巧，因為印尼國內即將舉行選舉，許多政治人物利用巴勒斯坦和耶路撒冷聖地的議題來動員選票。我雖然失望，但也不意外。許多穆斯林國家都會用相同的策略爭取選票，這是他們國內政客慣用的伎倆。印尼的穆斯林人口數居全球之冠，但是他們卻允許極端思想阻擋了人民透過與以色列合作所可能帶來的巨大潛力，這令我深感惋惜。

二〇一六年三月，納坦雅胡總理再度呼籲印尼與我國建交，表示雙邊合作能帶來許多機會。但是印尼拒絕了，表示唯有巴勒斯坦獨立，他們才會考慮建交。二〇一八年，印尼總統顧問委員會的成員葉海亞・喬利爾・斯塔庫夫（Yahya Cholil Staquf, 1966-）拜訪以色列會見總理，並參與了一場猶太論壇。印尼大眾對他這次拜訪持負面觀感——部分調查顯示出多數印尼民眾對以色列的觀感不佳。目前持續不斷的煽動會讓未來雙方的關係更加艱困，但如我們所見，無論印尼對以色列的態度如何，極端伊斯蘭團體確實對印尼的穩定造成威脅。我知道印尼文化重視教育，而我們有許多知識能與他們分享。我相信兩國總有一天能建立邦交。目前我們已經就某些經濟議題上建立合作關係，相信未來一定會為兩國帶來新的機會。

太平洋島國是一股不容忽視的力量。某些島國很小，人口只有幾千人，卻是以色列的忠實好友。他們信仰基督教，熟讀《聖經》，並熱愛聖地。我非常敬佩他們，每當他們請求我協助向美國爭取資金，只要辦得到，我都很樂意幫忙。在聯合國，他們總是支持以色列，而且絕不妥協。曾有一個太平洋島國的大使告訴我，伊朗試圖用錢收買他們的支持，他說無論伊朗出多少錢，他都不可能投下不利於以色列的票，因為那會像是投票反對自己。

以色列總能在人們心中激發許多情感，我從不認為這是理所當然。同樣地，我也從不覺得太平洋島國支持我們是理所當然。我會定期邀請這些國家的大使會面，詢問我們能幫上什麼忙，瞭解他們重視的議題讓我大開眼界。舉例來說，我得知糖尿病和肥胖是他們國內棘手的問題，於是我引介他們認識以色列的營養和醫學專家。我也邀請他們拜訪以色列，而且最終的拜訪活動非常成功。他們在聖地時毫無保留地展現出對信仰的感動，這讓在一旁見證的我印象深刻。他們和我都一致認為那是行程中的最大亮點。

我和帛琉大使迦勒・奧托醫師（Dr. Caleb Otto, 1943-2018）成為要好的朋友。他十分關心我們，凡是跟以色列有關的辯論，他一定不會缺席。帛琉使團規模很小，只有兩、三名職員，儘管如此，我常跟我自己的職員開玩笑說，就算辯論舉辦在猶太節日，而讓我們無法出席，我還是能放心，因為有親愛的迦勒代表我們。不幸的是，他在拜訪以色列後便返回到帛琉，並於二〇一八年去世。他是個大好人。他過世後，我寫了一封真情流露的信給他家人，分享我們友誼中珍貴的回憶。我至今依然很想念他。

小國絕對值得我們的付出，但並非所有小國的友誼都很容易爭取，加勒比島國就是一個例子。加勒比島國跟太平洋島國不同，它們通常與聯合國的拉丁美洲集團同一陣線。過去，這類集團中有某些崇尚社會主義，並與阿拉伯國家聯盟結盟。但我們不放棄任何交流的可能性，這為情勢帶來了希望。我們辦公室有位外交官負責以色列和加勒比島國的關係。他經常往返兩地，我每次見到他都會開玩笑，說他很幸運，能在許多人心目中的天堂代表以色列。我常跟他討論能如何幫助加勒比島國，他告訴我，有些島國深受犯罪問題困擾。於是，我們介紹以色列的犯罪防治專家給他們認識。他請我為加勒比島國的駐聯大使舉行一場午宴，我在這次午宴上得知許多島國欠缺打擊犯罪的技術，而以色列有辦法幫忙提供。

此外，還有其他正面的跡象：巴西表示有意願將大使館搬到耶路撒冷，我有信心這件事會成真。瓜地馬拉和洪都拉斯都已將大使館遷至耶路撒冷，為其他國家作了示範。我們還成功改變了以色列與哥斯大黎加和墨西哥的關係。現在墨西哥在聯合國不會無條件地投下不利於以色列的票了。

不幸的是，伊朗在南美洲很有影響力。拉丁美洲的恐怖活動與伊朗有關聯，他們提供訓練營，並對猶太人發動暴力攻擊。我們知道某些針對阿根廷猶太社區的攻擊就是由伊朗發起。而委內瑞拉和玻利維亞則是堅守左派意識形態，選擇與以色列敵對。這些國家的領導人養尊處優，放任人民持續受苦。

然而，委內瑞拉近來的經濟危機帶來了契機，讓我們有機會與南美洲建立關係。任何人看到委內瑞拉和古巴政權的狀況，都會明白極左派言論只會造成混亂和不穩定。委瑞內拉過去非常支持反對以色列的提案，但現在他們只想努力求生存。我們告訴中美洲國家，以色列有辦法幫他們提升生活水準，藉此拉近與他們的距離。我們也對委內瑞拉的改變懷抱希望。我們希望委內瑞拉和類似地區的人民願意為了改變體制挺身而戰，讓上位者無法再剝奪許多我們眼中人民理應享有的事物，像是食物、燃料和教育。

現任委內瑞拉總統尼古拉斯・馬杜洛（Nicolas Maduro, 1962-）對美國和以色列充滿敵意。但是臨時政府的領導人胡安・瓜伊多（Juan Guaidó, 1983-）對我們則友善多了，而且臨時政府也在聯合國設有非官方代表。這名代表並非大使，但美國、以色列和其他民主國家承認他的職位，並願意跟他合作。雖然他沒有針對決議表決的權利，但他代表的是委內瑞拉臨時政府，所以我必須與他會面。我規定自己每隔幾週就要跟各國代表會面，為他們提供建議，並協助他們結識人脈。有機會幫助委內瑞拉的人民打造美好未來，我感到很興奮，也很榮幸。我相信他們總有一天能爭取到自由和安居樂業的權利。等那一天到來，以色列會準備好協助委內瑞拉的人民重建家園。

各種關係（包括外交關係）的建立都需要長時間累積，而且過程通常無聲無息。在政治圈，人們會關起門來說你壞話，在公開場合對你親切。但在聯合國，世界各國私底下很欽佩以色列，卻在公開場合譴責我們。儘管如此，各國還是願意跟我們交流，證據就是在聯合國一百九十三個會員國中，有超過一百六十國與以色列有正式邦交，而關起門來，和我們有非正式關係的國家甚至更多。我敢說這些閉門關係遲早會變成正式關係。與越多國家公開建交，以色列就會越安全。

我鼓勵這些國家的領導人停止遮遮掩掩，公開與以色列的關係。有許多國家已經以自己的方式這麼做了。比方說，許多曾經公開譴責或反對以色列的聯合國外交官，都投票支持我擔任聯合國法律委員會主席，讓我打敗眾多競爭對手，成為首位擔任聯合國委員會主席的以色列大使。這可是不得了的成就，目前和未來的外交官、大使，或其他具有影響力的人都應該因此感到鼓舞。即便對方可能不會有所回應，我們也絕不能放棄伸出友誼之手。根據我的經驗，許多你意想不到的人都願意坐下來跟你討論困難議題。我們不該因為遭到某些人拒絕就停止嘗試。只要對方願意聆聽，我們就有辦法繼續對話，也應該繼續對話。

第五章　以色列不該等候許可行事

作決策時，我們應該有信心地為自己作主。

以色列的安全與否，取決於我們是否有能力為自己作主，特別是在國防和國家安全的議題上。國家的健全不能只是仰賴軍事防衛，還必須透過維持現有友邦和結交新盟友加以穩固。然而，我們不能，也不應該依據他人的許可決定是否要為自己辯護、表達新想法，或決定如何面對新的挑戰。我們更不能讓他人決定我們能結交哪些朋友。此外，當別人都在採取行動，自己站在原地等待許可是非常不明智而且危險的。

我在剛到聯合國開始建立人脈時就清楚意識到這點，我指的人脈包括非邦交國的駐聯大使，以及數位阿拉伯領導人。剛上任時，我經常向耶路撒冷回報在聯合國與阿拉伯同事關係的發展和狀況。我會請求指示，希望上級指點如何進一步深化、鞏固與這些同事的關係。當時我得到的指示是按兵不動，然後（至少那個當下）等待，因為這些關係非常敏感，必須由國安機構親自處理。給出這類指示的人聲稱和區域內的阿拉伯領導人關係極為密切，每當我發現接觸阿拉伯國家大使或領導人的機會，國內立即的反應不是肯定或恭賀，而是要我收手。那時我才明白，國內各機構代表的利益不盡相同，有時甚至互相矛盾、彼此競爭。我不只一次收到「管好你分內的事情」（Stay in your lane）、「讓我們處理就好」（We have it covered）、「不需要你的幫忙」（We don't need your help）這種回覆。

我剛上任駐聯大使時對耶路撒冷的同事很有禮貌，遇到這些敏感議題，我總是會等待他們回覆。但幾個月下來，看到事情毫無進展，我才發覺我是等不到答覆的。無論是否有我的參與，決策過程都會持續往前推進。於是我決定，與其當個旁觀者，我要主動參與聯合國事務。我從擔任公職的經驗學到，我們沒辦法同時討好所有人。若是你試圖這麼做，很快你就會變得沒有效率、毫無建樹。因為永遠都有人與你立場相左，永遠會有其他單位聲稱能做得比你更好。

為了引領聯合國進行變革，我必須努力讓自己強硬起來，這不只是為了對付國外的對手，有時候，我也必須對付自己政府內部的對手。表面上目標一致的人彼此競爭是很自然的，就像體育選手雖然隸屬同一支隊伍，還是會希望個人的貢獻得到認可。我認為這樣的心態很健康，所以我不會因為自己人試圖排擠我而感到沮喪，因為這都是「比賽」（the game）的一部分。我到聯合國是為了推行自己的立場和理念，我也執意要這麼做。

以色列希望盡可能與阿拉伯諸國發展關係。有次，我希望接觸某個阿拉伯國家的代表，卻遭到各界反對。以色列外交部過去曾針對該國採取行動，總理辦公室也透過國家安全委員會（National Security Council）與該國有所交涉，軍方情報單位有自己的人脈，摩薩德（Mossad）[1]也已經與該國的某些機關合作。在此案例中，以色列至少有四個不同的機構與該國發展關係。我原本不確定自己否應該介入，但該國的駐聯大使主動要求跟我見面，並提出具體合作的想法，於是我決定透過介入來投資這段關係，並與這個具有重要戰略價值的國家合作。

我樂於合作、彬彬有禮，但也明白自己必須先斬後奏，取得成果後再行回報，而不是事事都先徵求同意。我發現，其他國家的聯合國使團在需要跟我們討論敏感議題時，也會與國內出現類似的緊張狀況。這種機構和個人間的競爭關係存在於任何健全的民主國家，也包括美國。美國的聯合國使團、白宮、國務院和其他機構之間存在著結構性的緊張關係。我很清楚，不能讓這種競爭阻止我採取行動、取得進展。

我生性喜歡與人合作，但我不允許任何人在制定政策時忽略我，或拒絕讓我參與。這點我絕對不會妥協。我寧願放棄名聲和媒體曝光，換取參與政策制定的角色。在以色列的政治圈，邀功討好是所有政治人物的家常便飯，所以像我這樣的作風很不尋常。在聯合國待了幾個月，我發現外交人員跟政治人物截然相反：想要有所作為，就必須在任務過程中，甚至任務結束後保持低調。你必須甘願把光芒讓給別人。我出身自政治圈，所以在報上看到別人搶走自己的功勞，總感覺有點不是滋味。但我知道我沒有損失；我完成了任務，因此在國際外交舞台上變得更有分量。即便我的名字和聯合國使團付出的辛勞遭到忽略，我依然為自己的成就感到滿意和驕傲。

邁向正義、安全的道路上，我們不免冒犯到某些人。但在決策過程中積極參與和自己切身相關的議題討論，會比起等到決策後才發表意見更有保障，即便你的意見可能遭到反對。當我有辦法照自己的意思建立友誼和人脈，並對直接影響以色列的聯合國決議和事件作出決定的時候，我做起事來會最有成效，尤其是在處理有關強化以色列與鄰國、以色列與全球伙伴之間的事務時。

我的個人經驗具體而微地展現出整個以色列能夠，也應該要有的行事方針。我們必須與各種伙伴合作、建立新關係、考慮同溫層以外的建議，並從不同管道徵求意見。但是到頭來，我們終究得自己作決定。如果我知道自己的作法是正確的，我就有辦法坦然接受各界批評，對外界和盟友的反彈處之泰然。

為了運用我的職位引領改變，我開始主動接觸與以色列沒有邦交的國家代表，成果不言自明。原本的非邦交國與我國建交、他國在我國首都成立官方辦事處，甚至將大使館移到耶路撒冷，這些成就的種子都是在紐約聯合國的會議廳中播下的。

先前說過我有公職背景。我在二〇〇九年二月到二〇一五年八月間擔任以色列國會議員，其間曾任國防部副部長和科技部長。我並非以專業外交官的身分來到聯合國。許多外交規矩和傳統，像是聽命行事、字斟句酌以避免冒犯任何人、面對虛偽時為維持禮節而保持沉默，在我看來都沒有用，也幫不了以色列。身為公僕，我習慣立即、自主地作出決策。相較之下，多數大使作任何決定幾乎都會請求指示。在取得許可之前，他們不會與任何人對峙。即便取得許可，他們表達不滿時也會有所保留，在私人場合是如此，在公共場合就更不用說了。過去的工作經驗讓我對言語交鋒習以為常，當上大使後，我依然保有這個習慣。這種作風起初或許讓某些人覺得反感，但是它確實能化解敵意。我相信長遠而言，這會是最有效的方法。

我也很幸運，有機會在聯合國這個特別的場合與各國領袖和影響力人士會面。如前所述，在其他公開場合（特別是在阿拉伯世界），以色列官員接觸特定人士經常會引發我們不樂見的反彈——不只是我們會承受批評，還會造成讓彼此關係惡化的反效果。但若你是聯合國代表，狀況就不一樣了。各界本來就預期你會與其他大使對話，也鼓勵你與他們對話，不論他們代表哪個國家。我牢牢把握住了這個機會。但是我很謹慎，對於敏感的會面從不過分聲張，因為即使是聯合國核准的活動或社交場合也可能會招來懷疑（raise some eyebrows）。

因此，我在公開分享關於會面的內容時非常審慎，這是我從納坦雅胡總理身上學到的。他認為優秀的領導者應該完全掌控情報的流通，只透露對方當下需要知道的事情。這種特質在希伯來文中稱為lemader，一種層層劃分情報並且精確控制其見光度的能力。有次，我向總理回報與某國家特定人士會面的細節時，他建議我不要撰寫報告，以免我們倆以外的其他人知情。我有能力審慎地管控情報，因此贏得許多位居敏感職位者的信賴，尤其是在與阿拉伯世界打交道的時候。

把握每次發揮影響力的機會

在聯合國服務的五年中，有四年的時間我扮演的是遠比大使要吃重的角色。納坦雅胡總理在他第四屆任期剛開始時不想任命外交部長。老實說，我認為這是因為他想掌控一切，阻止黨內任何人汲取經驗，成為有能力與他角逐大位的競爭對手。因此，在我任職聯合國的前四年，總理身兼二職，同時擔任以色列的外交部長。他的行程很滿，必須處理國內無數的安全和經濟問題，而且內部的政治危機持續不斷。這讓他無暇處理外交事務，因此，我在國際舞台上有很大的行事空間。

這讓我在政策制定上更有影響力，因為我和總理之間沒有隔閡，可以直接討論對外政策。那幾年間，每當有人想拜會以色列的高層人員，但總理忙不過來，或有人想對以色列傳達訊息時，我都是第一人選。我會將我與國際要角的策略會議內容直接回報總理。我們會一起討論聯合國的重要表決，以及聯合國之外的政策問題該如何作決定。當我必須取得總理的許可，或我在聯合國的表決中自行作出決策時，我們之間總是會出現緊張或爭論。

因為時差的關係，我有時候會自行作決定，因為另一個選項是在以色列的深夜中叫醒總理。我以前常跟太太開玩笑說，這注定是一個雙輸的局面。要是我叫醒總理討論急事，他就會說這種問題何必打擾他。「這種表決你就自己決定吧。」但要是我不打給他就自己作決定，他也會因為我沒有事先諮詢而發脾氣。聯合國針對是否要譴責美國對古巴實施禁運進行表決時，歐巴馬政府在最後一刻改變立場。當時鮑爾大使打電話知會我美國將投棄權票，儘管他們多年以來都是投反對票。

多年以來，都只有美國和以色列反對這項決議。我認為，面對我國最親近的盟友重視的議題，我們必須表達支持。我指示我的辦公室提醒我一定要親自出席表決。我得決定是否要和美國一樣投棄權票。我覺得必須讓美國駐聯大使和其他國家看到我們的友誼是雙向的，而且我們懂得支持盟友。過去每次表決結束後，我都會拍下一張銀幕的照片，顯示只有美國和以色列反對這項決議。[2]

那年的情況將會有所不同。鮑爾知道我們會跟進美國的立場。她不希望我們投反對票，因為她將毫無預警地改變美國一貫的表決行為。當時的紐約正值深夜，以色列的所有人都已經熟睡。我告訴她以色列也會投棄權票，因為我們一直以來的目標都是與美國站在一起。她跟我強調保密的重要性，因為美國希望為他們對古巴政策的轉變製造一點戲劇張力。我說，我會發加密電報到耶路撒冷徵求許可。我告訴她，如果她到早上都沒我的消息，就表示我已經取得許可，而且我會親自參與早上的表決。

掛掉電話後，我衝進辦公室發電報到耶路撒冷，我有把握隔天早上一醒來就會收到許可。這個議題對我們並不重要，我不預期會發生任何意外。只是意外還是發生了。我一醒來，就看到一家國際通訊社的報導：美國即將改變表決立場。祕密洩漏出去了。雖然我很清楚這種事情難免會發生，但是當那天早上鮑爾大使在聯合國大會找上我，說她對「以色列無法守密感到非常失望」，我仍十分訝異。自從我們前一天晚上的通話後，我沒有和任何人討論過這件事情，所以這讓我震驚不已。她繼續說道：「我知道洩密的不是你，但那家通訊社有我的耳目，我們很確定洩密的來源是耶路撒冷。」

我自己作了調查，發現她說得沒錯。洩密這件事讓我感到非常羞愧，在那次之後，我都會確保使用代表團內的保密線路討論敏感議題。如果電報的收件人不只一個，我永遠無法得知洩密者是誰。但若電報是直接發給總理，就表示其實沒有人洩密。如果風聲走漏，就是總理決定讓它走漏的。我擔任駐聯大使的時間越久、累積的經驗越多，在投票時越能自在地作出決定。如果政府內部有人表示不滿，我會直接請他們去跟總理談。我知道總理很忙，他相信我的判斷。我只有在遭遇極為敏感的議題時，才會在早期階段就找他討論。

美國決定將大使館搬到耶路撒冷後，我們開始尋找其他願意跟進的國家。多年來，我與美國和其他地區的福音派領袖培養了重要的關係，我知道在說服福音派人口眾多的國家搬遷大使館時，這些人脈將能派上用場。一位福音派領袖打電話給我，建議我跟瓜地馬拉總統吉米・莫拉雷斯（Jimmy Morales, 1969-）聊聊將瓜國大使館從特拉維夫搬到耶路撒冷一事。我向耶路撒冷的同事回報，他們抱持懷疑態度，再度示意我不要插手，這件事已經有人在處理。我把他們的話當耳邊風，決定透過自己的人脈探究這件事是否可行。

以色列與瓜地馬拉之間的關係很穩固，邦交長達數十年。一九四七年，瓜地馬拉駐聯大使荷黑・賈西亞・格蘭納多斯博士（Jorge García Granados, 1900-1961）在以色列建國的表決投下第一張同意票。[3]瓜地馬拉成為以色列宣告建國後第一個承認以色列的拉丁美洲國家，也是以色列以外唯一會慶祝以色列獨立日（五月十四日）的國家。此外，瓜地馬拉有一半的人口都是熱愛、支持以色列的福音派基督徒。

幾個月前，聯合國對瓜地馬拉進行與大使館搬遷無關的調查，當時瓜國的高階官員詢問我能否幫忙向美國政府求助。我很愉快地幫了他們。因為那次拔刀相助，我們與瓜國總統和人民間的情誼更進一步加深。他們知道我信守承諾，也知道以色列會支持友邦。

我急著想跟瓜國討論大使館搬遷一事，於是聯絡他們的外交部長桑德拉・喬維爾（Sandra Erica Jovel Polanco, 1978-），並展開討論。雖然我的西班牙語程度足以對話，但我還是請了一位西語更流利的職員在通話時幫忙翻譯，確保雙方對所有細節都有共識。這次通話非常重要，不容許發生任何誤會。我們在通話中討論讓這個歷史性決定成真的步驟。首先，納坦雅胡總理會打給莫拉雷斯總統，請他將大使館搬遷到耶路撒冷。通話結束後，莫拉雷斯總統會在社群媒體上公開這個決定。這對他來說並不容易，許多福音派基督教領袖和總統會面，給了他繼續前進的勇氣。最後，他同意了，我將他的意思轉達給納坦雅胡總理。

接下來的挑戰是說服總理打電話。他原本態度保留，身為以色列在位最久的總理，擁有高超的政治技巧和豐富經驗，竟然也害怕要求遭拒的難堪。我和其他人花了一點力氣才終於說服他拿起話筒。我們在兩位領導人之間建立通話時遇到一些技術問題，但兩人搭上線後一切都順利進行。對此，我從來不曾有過懷疑，也向總理保證不會有問題。通話結束後，莫拉雷斯總統馬上在臉書張貼了以下訊息：

> 親愛的瓜地馬拉人民，今天我和以色列總理班傑明・納坦雅胡通話。我們談到自從瓜地馬拉支持以色列建國，兩國之間就維持著良好情誼。我們討論到的重要議題中，其中一項是將瓜地馬拉大使館搬到耶路撒冷。因此，我想在此通知各位，我已經指示外交部長著手進行相關措施。上帝保佑大家。

瓜地馬拉信守承諾，宣布不久後就將大使館遷到耶路撒冷。[4]

前巴拉圭總統歐拉西歐・卡提斯（Horacio Manuel Cartes Jara, 1956-）也在卸任前宣布想將大使館遷到耶路撒冷。我和巴拉圭的友人、該國的猶太社群，還有總統的親信討論到時機的問題。我認為最好不要選在他卸任前夕（二〇一八年八月）搬遷。我們擔心卸任前作的決定或宣布會遭人批評過於草率，很容易就被下一任領導人推翻。巴拉圭確實發生了這種情況。卡提斯總統的決定讓我們很高興，但選舉過後，新任總統馬里奧・阿夫多・貝尼特斯（Mario Abdo Benítez, 1971-）就推翻了前朝的決定。[5]他們宣布後不久，我就通知巴拉圭大使，以色列會關閉駐巴拉圭大使館，我們也確實這麼做了。[6]我還記得和總理討論過這個重要決定。我們必須讓對方瞭解外交並非兒戲，他們出爾反爾的行為嚴重破壞了信任。最後，以色列駐巴拉圭大使館關閉了一年。

要在外交領域中表達不滿，有以下幾種方法：第一種是召見他國駐以色列大使予以訓斥，這是最輕微的作法。第二種是將我方大使召回耶路撒冷進行諮詢，時間可長可短。最極端的反應就是關閉大使館。我們選擇了最後一種方法，納坦雅胡總理也同意這麼做是對的。

我和巴拉圭駐聯大使會面，告訴他茲事體大，他們的背信讓以色列深受冒犯。接著，我們就關閉了大使館。我們深信我國對統一的耶路撒冷擁有主權，所有國家的大使館都應設在耶路撒冷。我國與巴拉圭的關係因此倒退。我能理解某些領導人為何害怕將大使館遷到耶路撒冷；阿拉伯國家聯盟向他們施壓，甚至威脅切斷貿易和外交關係。有實力的領導人看得出他們只是光說不練，就算他們真的切斷關係，也只會是暫時的。

我們也與洪都拉斯合作，將其大使館搬到耶路撒冷。我多次與洪都拉斯總統胡安・奧蘭多・葉南德茲（Juan Orlando Hernández, 1968-）會面討論這件事。駐聯大使直接與國家元首協商相當罕見，但我們建立了良好的關係，並討論出大使館搬遷前一系列活動安排的細節。成果最豐碩的一次會面發生在瓜地馬拉，場合是二〇一九年亞歷杭德羅・愛德華多・賈麥岱（Alejandro Eduardo Giammattei, 1956-）總統的就職典禮。那場典禮有許多國家領袖參加。賈麥岱總統是以色列的好友，他在夏季贏得總統大選，並在冬季就職之前拜訪以色列，當時就是由我接待。通常，這種場合只有國家元首會受邀，但他邀請了我。

就職典禮當天發生了嚴重的延遲。上百人為了等待卸任總統現身枯耗了好幾個小時。有些代表團甚至先行離開。各國元首和美國政府高層人員有好幾個小時無事可做。我們坐在貴賓室，拉丁美洲的國家元首們討論著各種議題。這時，葉南德茲總統想跟我討論以色列和洪都拉斯共同面臨的議題。我直接當著許多國家領袖的面告訴他，我們認為最重要的，就是他們必須承諾搬遷大使館。他回答他贊成此事，並且跟我很樂意回飯店私下長談。當時沒人會知道典禮還要好幾個小時才會開始。

最後，即將卸任的總統終於現身，典禮得以開始。我們回到飯店後找了一間小會議室。當時時間已經很晚，我也累了，但我必須跟洪都拉斯總統討論兩國的共同利益。總統的意思很清楚，他是真心贊成大使館搬遷，但我們必須按照他的計畫進行。他要求以色列在洪都拉斯設立經貿辦事處。洪都拉斯已經在耶路撒冷設立經貿辦事處，正在等待我方在他們的首都設立同等的機關。他們在該辦事處設立後就會宣布搬遷駐以色列大使館。

我既尊重他也尊重我們的友誼，於是向他保證會盡一切努力實現他的要求。後來，我們在洪都拉斯首都德古西加巴（Tegucigalpa）設立了經貿辦事處，洪都拉斯也終於在二〇二一年六月二十四日將大使館搬遷到耶路撒冷。[7]為了紀念此一重要時刻，葉南德茲總統和新任以色列總理納夫塔利・貝內特（Naftali Bennett, 1972-）在大使館遷移後簽訂了多份雙邊合作協議。貝內特總理表示，耶路撒冷洪都拉斯大使館的開張，以及德古西加巴以色列大使館的重新開張，「再一次清楚展現出」兩國之間的「深厚友誼與連結」。[8]

到了二〇二一年三月，科索沃也加入美國、洪都拉斯和瓜地馬拉的行列，將大使館設立於耶路撒冷。[9]科索沃是第一個在耶路撒冷設立大使館的歐洲國家，也是人口以穆斯林為主的國家中第一個這麼做的。在本書撰寫的當下，包括科索沃在內，總共有四個國家在耶路撒冷設立大使館。還有其他國家領袖也曾承諾會搬遷大使館，但尚未實現諾言。巴西就是其中之一，但他們與阿拉伯世界的貿易往來很頻繁。可想而知，他們在討論搬遷大使館時，會受到阿拉伯國家的大力反彈。但我相信巴西最終會信守承諾。還有一個重要非洲國家的領導人也作過類似承諾，我相信他不會食言而肥。我知道這些國家都面臨阿拉伯國家聯盟和其他方面的壓力，但我希望他們有勇氣作出正確的決定。畢竟他們可以清楚看到，已經在耶路撒冷設立大使館的國家並未遭受任何劫難。世界還是繼續轉動，日子還是照過。

我自主推行的工作不只是說服各國將大使館搬到耶路撒冷。出於必要，我幾乎每天都在聯合國的幕後獨立運作。每當我向國內尋求建議時，都會受到官僚體制各種繁文縟節的阻撓，讓我什麼事也做不了。但我舉家搬到紐約不是為了上高檔餐廳、參加雞尾酒派對。工作才是我的目標，我要為以色列取得進展，並鞏固我們在世界上的地位。我與跟我國沒有邦交的國家合作（其中某些國家已在近期與我們建交）、協調政策，並在聯合國推動有益雙方的決議。

我們在幕後與其他國家合作，成功於二〇一七年推動了禁止真主黨在黎巴嫩活動的決議。我沒有公開爭取功勞，因為我很清楚這麼做會造成不必要的反彈，讓我們努力的成果蒙上陰影甚至遭到破壞。

在聯合國提案將真主黨認定為恐怖組織，對以色列很重要。真主黨在黎巴嫩活動，對以色列邊境發射火箭和飛彈，對我國安全造成重大威脅。黎巴嫩是個失能的國家，政治力量非常虛弱。真主黨已經成為當地事實上的領導者，他們把黎巴嫩當作未來進攻以色列的基地。他們入侵只是時間早晚的問題。我們成功說服其他阿拉伯國家支持這項決議，實為一項驚人的壯舉。我們甚至還與這些國家直接合作、討論決議內容和使用的語言。我們與中東多名大使一起討論決議的措辭。通常安理會不太願意，甚至拒絕在任何譴責恐怖主義的決議中提到真主黨。他們偏好使用模糊的詞彙，像是「恐怖團體」（terror organization）、「義勇軍」（militias）、「群體」（group），因為如果措辭直接提到真主黨，便會遭到某些國家的強力反對。

我們撰寫決議時就知道，要讓它原封不動地通過會非常困難。最後，這項決議確實沒通過，被俄羅斯和中國擋了下來，主因就是內容提到真主黨。協商決議措辭的過程中，一大部分內容因為指稱真主黨違反第一七〇一號決議，在黎巴嫩南部進行非法軍事活動，而遭到刪除。俄羅斯堅持刪去所有提及真主黨的內容。[10]

這種事並不稀奇。長久以來，聯合國都不願意直接點名批評真主黨。聯合國用來形容真主黨和恐怖活動的語言經常遭到俄羅斯（有時是中國，或兩者同時）的淡化。聯合國安理會一貫的作風是發表聲明，表示黎巴嫩內所有勢力應該「避免捲入敘利亞的危機」。[11]雖然聯合國曾通過許多反恐決議，但也從未真正定義恐怖主義的實質內容，這樣的灰色地帶讓特定國家有機會與未被聯合國當成目標或指名的團體結盟。聯合國有能力打擊特定團體，過去也曾這麼做，所以他們絕對不是做不到。舉例來說，聯合國安理會早在一九九〇年代晚期就曾通過數項決議制裁蓋達組織（al Qaeda）。[12]所以只要成員同意，安理會一樣有權制裁真主黨，只是他們受制於來自莫斯科和北京的壓力。

真主黨的現狀與最近的動靜讓我懷抱希望。美國、英國、德國、阿拉伯國家聯盟和以色列官方都將整個真主黨視為恐怖組織。猶豫多年後，法國終於在二〇一三年將真主黨納入恐怖團體名單。歐盟遲遲沒有表明其整體立場；目前，他們只將真主黨的軍事側翼組織認定為恐怖組織，這個決定是在二〇一三年作出的，因為二〇一二年保加利亞的布爾加斯（Burgas）機場發生了觀光巴士遇襲事件。而聯合國依舊只會發出空泛的無效警告，徒增真主黨氣焰。

儘管如此，我認為這項決議的提出已經是一場勝利。儘管同事們質疑這項作法，但在我的努力之下，這是有史以來首次有份將真主黨與恐怖團體劃上等號的文件進到了聯合國大會。這是我們的勝利。我們還揭發了黎巴嫩伊斯蘭分子的問題，揭穿支持真主黨並替他們開脫的幕後主使者。若沒有許多阿拉伯國家的協助，我們是辦不到的。

儘管我們與中國和俄羅斯的雙邊關係良好，他們依然多次公開採取敵視以色列的立場，特別是在安理會。聲量最大的通常是俄羅斯，而中國在中東議題上緊跟俄羅斯的立場。俄羅斯主要的目的是在中東北部（敘利亞和黎巴嫩）維持影響力。俄羅斯支持阿薩德（Bashar al-Assad, 1965-）政權，所以與各種激進團體合作，其中包括真主黨。俄羅斯派出我所謂的象徵性軍力（幾千名憲兵）到該區域，表示他們在場監控局勢。俄羅斯希望在當地占有一席之地，以便取得地中海的港口——他們眼中的軍事戰略要地。

真主黨從二〇一五年末起與俄羅斯軍方密切合作，企圖干涉當地局勢，並挽救阿薩德政權。莫斯科認可真主黨在敘利亞的軍事成果，將之視為有用、有能力的盟友，能對敘利亞政府的存續有所貢獻。[13]而黎巴嫩則是將中國視為可能的經濟救星。

讓以色列成為安理會理事國，是我非常努力推動，但未取得成功的目標。安理會總共有十五個理事國，由五個常任理事國和十個非常任理事國組成。非常任理事國的任期為兩年，但每年都會舉行選舉。各地區會推派候選人角逐席次，候選人經常必須相互競爭。非洲集團和阿拉伯國家聯盟內部通常沒有競爭，但其他地區就不一定了。在二〇〇〇年以前，以色列不屬於任何區域性集團，我們是在入聯五十年後，才終於加入了西歐和其他國家集團（West European and Others Group, WEOG）。14

在此之前，我們無法參選安理會理事國的席次。所以，我們一加入區域性集團就開始思索競選事宜。成為WEOG成員後，我們立刻登記競選安理會理事國。許多國家會提前好幾年登記，藉此示意集團內其他國家之後再競選。

二〇一八年原本只有以色列和比利時兩國參選，後來德國臨時決定參選，讓我們很不滿。德國覺得他們應該是常任理事國，但受限於聯合國的組織架構，而無法如願。若你觀察德國對聯合國事務的參與程度（相較於法國或英國），就會覺得他們確實有資格擔任常任理事國。因此，德國只要有機會就會參選非常任理事國。只是德國在二〇一八年參選對以色列不利，因為只要他們參選，通常就會獲勝。

德國加入角逐行列後，以色列內部自然產生了是否該繼續參選的辯論。外交部大部分的同仁都抱持懷疑態度，建議我們不要冒著失敗的風險參選。但我覺得即便結果落敗，參選一樣會有好處。我們能讓所有人見證，以色列為了爭取自己應得的角色而願意承擔風險。我們要是贏得選舉，將能為以色列帶來榮耀，以及在聯合國最重要的機構中曝光的機會。參選也會對我們的未來有幫助。我對自己職涯的看法如下：比賽總是有贏有輸，重要的是在過程中讓他人瞭解你的立場、在面對困境時展現堅強，並證明自己不會輕言放棄。我認為退選會是錯誤的決定。

我很積極推動我方參選。我回以色列時，堅持要跟總理單獨討論這件事。我知道外交部對他施壓，要我們退選。我則是希望他能支持我們參選。要是我們勝選，以色列等於是在他的領導下達到前所未有的成就。總理在我將搭機返回紐約前打電話要我到他家會面。我們坐在門廊上，這在我的經驗中是個好預兆，因為這代表總理很放鬆，我們能有充足時間詳加詳細討論。我解釋參選的重要性、能達成什麼效果（即便落敗也一樣）。我很清楚要如何讓他聽進我的話，因為我說服他作出困難或大膽決策的經驗非常豐富。我們光是參選就如同獲得一場勝利。我們若是勝選，他則將成為首位創下聯合國歷史的以色列總理。我們就算敗選，也是由我來承擔罵名。我對此沒有任何意見，也很樂於承擔敗選責任，因為這件事值得我們努力，並能讓所有人留下深刻印象。到了下次選舉，我們的勝算就很大。

我要他想像自己抵達紐約並且主持安理會。我們擔任兩年的安理會理事國，可以推動不可勝數的重要成果。經過一小時的討論後，他終於同意了。我非常高興。這個決定很重要，跟我當選聯合國法律委員會（或稱第六委員會）主席一樣，能帶領我們取得重大成就。我知道反對我們參選的人會試圖限制競選的預算，於是我立即聯絡我的好友財政部長解釋情況。他告訴我，財政部會為了這個重要目標努力籌措經費。一切都上了軌道。幾天後，總理在亞洲參與一場活動時公開呼籲各國支持我們參選，這讓我非常振奮。

我開始籌組團隊，為選戰出謀畫策。但我回到曼哈頓後，外交部一位和總理過從甚密的資深官員試圖說服他退出選戰。他一再宣稱外交部的實力不足，沒有足夠的資源和人力打選戰。這件事情是事後才傳到我耳裡。幾個月後，總理決定退出選戰。[15]我覺得這是錯誤的決定，並私下重申我的看法：敗選並不可恥。總理聽信了身邊的人，認為應該等待「更好的時機」（a better timing）再參選。所謂「更好的時機」並不存在。我國歷史上，所有重要的決策都不是發生在最好的時機。現在退選代表我們在接下來的至少十年內都不再有機會參選。而且在我們展開競選活動之前，就已經有九十個國家明確承諾會支持我們。

我很失望，覺得好像遭到背叛。那些官員不僅說服總理要我們退選，竟然還有臉要我負責宣布。虛偽至此，讓我感到震驚。為了將傷害降到最低，我將宣布時間安排在週五傍晚，不僅接近以色列的安息日，在美國的各國駐聯大使們也即將去度週末。我還得轉告我們在聯合國的支持者，這讓我覺得難以啟齒，因為他們失望的程度跟我比起來是有過之而無不及。

我們明明有勝選的機會，就算敗選，競選之舉也能昭告全世界，以色列願意承擔風險、捍衛自己的價值。此外，我們擔任安理會理事國也能作出重要貢獻。一旦決定延後參選，就得等待好幾年才會有下一次機會。

我們在週五下午發布新聞稿。當時已經接近以色列的安息日，所以不會有人注意到這個新聞。但我依然接到許多大使的電話，表示他們原來打算把票投給以色列。其中一個大使還延長在聯合國的任期，就只是為了投我們一票。「不管上頭的指示是什麼，我都會把票投給你們。是時候了！」他對我們退選的決定很不滿。我對他的支持表達感激，也同意這是錯誤的決定。要打敗德國確實不容易，但我們和比利時的競爭應該會很有趣。我們甚至可能會贏，但這永遠不得而知了。我敢說我們一定會打出一場漂亮的選戰。無論是贏是輸，以色列都會讓全世界知道，我們要採取立場或做出大膽舉動時，不會等待他國的許可。

勝選的好處很多，值得我們承擔敗選的風險。我們若成為安理會理事國將能凝聚更大的力量，更密切地參與更多議題。要是能重來，我還是會決定參選。我也鼓勵接替我的大使為下次選舉展開長達數年的先期準備。

在面臨反對時也要堅持行動，這需要勇氣，但這正是對付欺凌者最有效的方法。你得讓對方知道自己不好欺負，並且讓他明白你是玩真的。這麼做能讓你的支持者知道自己並不孤單。只要有一個人出聲，就能鼓舞其他人站出來。

勝利不只一種面貌

勝利有時在局外人眼中可能是失敗。我們在聯合國提出的一項反哈馬斯決議未取得三分之二的多數同意，因此無法通過，但同意票依然占多數——八十七國同意，五十八國反對，三十二國棄權。[16]我們還爭取到歐盟的支持，這可不是一件容易的事，海莉大使和我費盡千辛萬苦才爭取到他們的支持。此外，許多人曾因為這項決議質疑我，但我仍然覺得這次提案是一次勝利，雖然決議因為聯合國的表決規則沒有通過，但它為未來的類似決議開了先河，而我相信未來這類決議一定會通過。此外，我們現在也能就恐怖組織的議題和歐盟進行更公開的對話。

這項決議能取得多數國家贊成，令我們引以為傲。因為我們大膽決策、自主行事，並展現信念，讓越來越多國家願意公開支持以色列。許多過去私下與我們合作、協商的國家，現在都願意將我們的關係公諸於世，因為我們已經證明自己勇於在未取得上級同意或外界支持的情況下行動。這不表示我們很魯莽，而是實力的展現。

第六章　為所有可能作好準備

我們必須預見未來可能的狀況，並在事情發生前作好準備。

安全的最高境界就是能預見未來可能的狀況，並在事情發生前作好準備。要能夠快速採取行動，就必須應用從經驗中學到的知識。不管從事任何形式的決策或協商，或想達成既定目標，或進行軍事行動和防衛，同樣的道理都適用，在敵人環伺的環境中更是如此。假如你住在犯罪猖獗的地區，想要在天黑後獨自出門散步，難道你不會先想好要走的路線、要作什麼預防措施保護自己不受傷害嗎？不會有人批評你這麼做，在這種狀況下，如果你完全沒有考慮到自己的安全就出門，大家反而會懷疑你神智是否清楚。但是，當以色列為了避免攻擊發生或終止已經發生的攻擊，而持續進行戰略準備及規劃時，卻一再[1]遭受[2]批評[3]。因此，我們必須準備面對的不僅是暴力衝突，還有每次自衛時不免招來的批評聲浪。

二〇一八年末，我們在以色列與黎巴嫩邊境發現了恐怖分子挖掘的隧道[4]，並運用軍事策略和外交手段將之摧毀。我們發現這些隧道時相當震驚，要是它們發揮作用，以黎邊境將會爆發大規模戰爭。讓我說清楚，這可不是原始的地下壕溝，而是配有電力和空調的精密通道。我們必須阻止恐怖分子利用這些通道潛入以色列境內的社區。

挖掘通往以色列的地下隧道路網是真主黨的機密行動，連當地的真主黨高層官員都不知情。這些隧道由伊朗出資修築，上百支真主黨菁英特種部隊能藉此奪取邊境周遭以色列社區的控制權。他們計劃綁架以色列居民到黎巴嫩，並在地面與趕到當地的以色列軍隊交戰。這些恐怖分子企圖拿下一個社區，在當地升起真主黨旗幟，並宣布控制了該區域。真主黨有機會現場直播整起行動，聲稱他們「征服了以色列北部」。

我們運用各種情報資源蒐集資訊，得知隧道確切的建造地點。預定行動日期的一週前，以色列駐美武官從華府的大使館前來跟我說明情況。他告訴我隧道的位置，並說明他們打算如何摧毀以色列這端的隧道。

我們很清楚，一旦我們在以色列這端開始鑽洞摧毀隧道，對方就會得知我們的意圖，而他們可能的反應有三種。情境A：真主黨會攻擊破壞隧道的工程師和鄰近住宅區，引發全面性戰爭。真主黨有能力對以色列發射上萬枚火箭和飛彈，要是他們這麼做，以色列勢必會以武力回擊，這會導致長達數週的血腥衝突。情境B則比較和緩：邊境會發生一些暴力衝突，但是情勢很快就會得到控制。情境C：真主黨得知我方行動，但不會有所反應。我們必須為三種情境作好準備。我們無法確知一旦我們開始破壞隧道，真主黨會選擇作出哪一種反應；但要我們就此不摧毀隧道是不可能的。

準備工作很難執行，因為我們必須考量開戰的可能性，又不能向太多人透露消息，只能將我們的推斷和計畫告訴需要知情的人。我盡可能蒐集了關於隧道工程的相關情報。將這些精心挑選出來的情報加以解密有其重要價值，因為從中得到的資訊能為我們爭取強而有力的籌碼。即使是在開始鑽洞之後，我們為了成功爭取對以色列的支持，還必須說服友邦、各國的駐聯大使和其他國家，這是我們面對潛在威脅所採取的正當回應。我著手準備外交方面的工作。我已經想好了，當我要與聯合國安理會官員討論以色列破壞隧道的作為時，必須給他看一些機密空拍照，當中清楚地拍下隧道通過了聯合國設施下方。若無人阻止真主黨進犯，不只是以色列面臨威脅，聯合國維和部隊也會遭殃。只要聯合國官員親眼看到當地的情況，他們很有可能採納我們的立場，並且給予支持。

外交官與軍方的情報單位之間一直存在著健康的緊張關係，在有資訊需要解密時尤其明顯。軍方通常不希望解密任何資訊，因為他們必須考量洩漏消息來源的風險。他們宣稱，公開資訊會提高消息來源承擔的風險。我擔任國防部副部長期間與很多軍方和國防部人員培養了緊密的合作關係，也和其中許多人成為好友。我成功說服軍方總參謀長加迪・艾森科特（Gadi Eizenkot, 1960-）解密有其戰略價值。握有獨家情報能幫助我們爭取他人支持。這類情報能幫助我們說服重要國際領袖，並改善與國際媒體的關係（他們通常對我們充滿敵意）。隨著時間過去，有些解密的資訊會公諸於世，但率先取得這些資訊並呈現給國際要角，將能有效消弭我方必要行動造成的反彈聲浪。

就真主黨挖的隧道而言，我們很清楚，我們只會在以色列國內這端鑽洞，也讓安理會的高階成員看到隧道的開端確實位於黎巴嫩，以及它們侵入以色列的確切位置。我以精確的情報描繪現實，讓安理會成員瞭解真主黨違反了聯合國的所有決議，並且還藉聯合國設施掩人耳目，在地下挖掘隧道。因此，他們無法駁斥我方採取的預防措施。我認為，要保障以色列的安全，我們不能只是在戰場上取勝，還得對全世界動之以情、說之以理。每當我們以行動保衛自己時，都必須記得，我們同時面臨戰場、外交和輿論三條戰線。

審查待解密資料需要動用整個體制的力量，但這是準備工作的一環，能確保我方自衛行為的正當性。若有人在看到證據後依然表示反對，我們也能不受影響，繼續做我們認為該做的事。以這個案例而言，我們必須採取行動，這點無庸置疑。如果有人不希望我們行動，那是他們自己的問題。我很有信心自己已經清楚說明了我們的立場和理由。

我們跟美國駐聯合國使團內的少數幾位重要人物透露了我方的計畫，並向他們保證，我們在現場的活動（牽涉到工程和重型機具）只會在我國國界之內進行，而且我們會請訓練有素的資深平民工程師處理以色列這端的隧道。鑽洞行動開始前，我準備了地圖、圖表、隧道入口空照圖等資料，以強調某些隧道位於聯合國設施的正下方。接下來，我安排與各國大使會面。美國政府內部只有少數人事前知道這項行動，連我手下職員知道的也不多，我甚至不能告訴我太太。

行動當晚我無法入睡。我想起一九九〇年代，我在波斯灣戰爭期間接受過的以色列國防軍軍官訓練課程。當時我們派駐加薩，處於高度警戒狀態。伊拉克不斷對我們發射火箭。因此，為了能在幾分鐘內迅速反應，我們當時必須穿著鞋子和制服睡覺。

我在鑽洞行動當晚上床時，也是維持類似的高度警戒，不過這次我穿的是西裝和領帶。

二〇一八年十二月四日，美國東岸接近午夜、以色列正值清晨的時候，北盾行動（Operation Northern Shield）[5]展開了。特拉維夫以色列國防軍總部和我們在紐約的辦公室都繃緊神經，揣測外界對我們的行動會有何反應。我們已做好準備某些人會發表煽動和批判言論，但我們深信自己的所作所為是正確的。我們在以色列和黎巴嫩邊境上的各處同步開始鑽洞，範圍從地中海延伸到東部靠近黑門山（Mount Hermon）之處。真主黨嚴密監視著邊境，所以協調各處同步行動相當困難。我們將機具和工程師加以偽裝。當真主黨發表新聞稿，宣稱隧道純屬以色列憑空捏造之後，我們才稍微鬆一口氣。隧道存在的證據確鑿，真主黨會發表這樣的新聞稿，表示他們覺得很難堪。看到他們的新聞稿後，我就知道可以睡個幾個小時，因為這表示他們不願意承認隧道是他們挖的。他們宣稱我們在說謊，也就是說，他們選擇了情境C，決定忽略我們的行動。這意味著我們既可以完成任務，而且不引發任何衝突。真主黨宣稱隧道與他們無關，沒有作出任何反擊行為，也沒對以色列發射半枚火箭。

隔天早上，我開始一場外交會議的馬拉松。我們致電安理會所有大使，不過這次我無法預先打電話跟他們安排會議。我和多數大使都有私交，因此我選擇傳訊息給每位大使，解釋我必須儘快跟他們會面，不管是在家裡、辦公室，或在安理會會議室的門外簡短說幾句話都行，只要十五分鐘就好。我帶著我們準備好的地圖和資料跑遍各個使團，趕在消息外流到媒體之前，和他們分享我能分享的所有資訊。我跟他們解釋這些隧道的修築方式以及我方採取的行動。原本有人提議炸毀這些隧道，或用高壓水泥把它們封起來，但我們的法律顧問表示，由於這類材料會在邊境的另一頭流出，這麼一來便會違反國際法。因此，我們必須確保所有的行動都在我國境內完成。我們用水泥封住了部分隧道，並用炸藥破壞了在以色列這端的隧道。

行動結束幾天後，安理會針對這些隧道展開辯論。我們的行動贏得壓倒性的支持，就連特別難搞的法國也支持我們。當時是二〇一八年十二月上旬，我展示隧道的地圖和照片，證明隧道確實存在，而且真主黨顯然違反了聯合國第一七〇一號決議，該決議於二〇〇六年通過，為真主黨與以色列間為期三十四天的戰爭劃下句點，內容呼籲讓黎巴嫩南部去軍事化，並重申過去對真主黨解除武裝的呼籲。

我說：如果黎巴嫩為國內人民著想，就必須對抗真主黨。一旦以色列被迫自我防衛，必須承擔後果的會是黎巴嫩人民。要是不得不開戰，我們會毫不猶豫地把黎巴嫩化為廢墟，藉以埋葬真主黨。換句話說，我清楚表示以色列會採取必要措施保護自己的人民。我說這些話的同時，眼睛直視著黎巴嫩大使阿瑪爾・穆達拉利（Amal Mudallali）。我們不是朋友，但我知道她有在仔細聆聽。她知道以色列的反擊會對黎巴嫩的人民造成莫大傷害，但在某種程度上，她同樣受制於真主黨。她似乎沒有太大的意志去反抗真主黨。

最後，我們向大眾揭穿了隧道的存在，以及真主黨真正的意圖。我們留下其中一條隧道，然後封住其他所有隧道。我們將以色列這端的一部分隧道保留下來，讓外界瞭解這些隧道是如何修築起來的。我曾帶一群大使到當地參觀這條隧道。讓他們親眼看到裡頭的空調系統、電燈，還有整個隧道結構的規模有多寬敞、深長。這條保留下來的隧道時時提醒著我們邊境的真實狀況，也提醒我們必須作好保疆衛土的準備。要是我們對威脅視而不見，忘記該做的功課，後果恐怕不堪設想。

掌握輿論

美國將大使館從特拉維夫搬到耶路撒冷時，我們預期巴勒斯坦會有所反應。我們知道對方可能會在加薩和以色列的邊境發起暴動。哈馬斯等組織通常會透過引發騷動轉移焦點，讓外界忽略有關以色列的正面消息。最令人難過的是，他們煽動的暴亂總會帶來不必要的傷亡。哈馬斯也明白，他們的傷亡人數越多，媒體報導的篇幅就會越大。一直以來，我們的目標都是盡可能降低傷亡，而敵人的目標則正好相反。

美國大使館搬遷前一天，以色列明確宣布，會將在開幕儀式前幾天或當天接近邊境的人一律視為恐怖分子並加以處分。恐怖分子在距離大使館五十幾英里的邊境發起暴動，朝安全圍欄和以色列國防軍投擲燃燒彈和爆炸裝置。他們將橡膠輪胎點火燃燒，扔到圍欄之後，還丟了許多燃燒物和石頭，目的是在以色列領土引起火災和傷害以色列軍隊。暴動的主使者從過去經驗知道，以色列對這類事件不會坐視不管。我們隨時作好準備，並且會採取行動。

那次動亂造成了人員傷亡。巴勒斯坦表示，暴民和恐怖分子當中有約五十八人死亡，將近三千人受傷。[6]我們覺得很難過，因為死者中有一名男孩，和一名坐在輪椅上手持彈弓的年長男子。哈馬斯恐怖分子把無辜民眾當成肉盾，讓我們深感遺憾。他們明知傷亡不可避免，卻還是卑鄙地躲在平民男女和小孩的背後。我方蒐集到的情報顯示主使者大多是哈馬斯的恐怖分子。他們計劃和暴民一同突破圍欄，進入以色列發動恐怖攻擊。一旦圍欄遭到突破，我們就無法控管可以進入以色列的人以及他們所攜帶的東西。這並非民眾自發性的示威活動，而是由恐怖分子策劃、執行的攻擊行動。

我們知道媒體會播報暴動的照片和影片，分散大眾對耶路撒冷的大使館開幕式的關注。隔天早上，聯合國安理會事前沒有通知我們，就決定在開會前為在暴動的罹難者默哀。我走進安理會會議室的一分鐘前才得知此事，於是下令職員在默哀結束前不得進入會議室。我很清楚這場暴動的罹難者大多是恐怖分子，所以不想要參與默哀。

許多罹難者都很年輕。哈馬斯控制了輿論的走向，國際媒體也配合他們，以錯誤的方式描述整起事件，說我們對抗議民眾開槍。事實根本就不是這樣，我們面對的是利用無辜民眾的恐怖分子。我決定要分析每一位罹難者。我們得到情報單位和軍方的協助，他們都有屬於自己的資料庫，有辦法辨認這些巴勒斯坦人的身分，並找出他們與恐怖組織的關聯。巴勒斯坦媒體經常公開吹捧這些人。我們有辦法得知哪些人曾被當作恐怖分子遭到逮捕，或受雇於哈馬斯執行恐怖攻擊。分析過後，我們發現大部分的罹難者確實都與哈馬斯有關係，或是收哈馬斯的錢辦事。我們證明了這些人並非無辜百姓，而是利用大使館搬遷攻擊我國的恐怖分子。

這樣的工作很重要，能提供人們看待類似事件的不同觀點。只要大家看到數據，明白絕大多數參與暴動的人若非哈馬斯成員，便是受哈馬斯資助並曾參與過恐怖活動，就比較能夠理解我方採取的行為，以及這些行為帶來的後果。

我帶著我們準備好的調查結果出席下一次的安理會會議。我必須證明他們默哀的對象並非無辜百姓，而是恐怖分子。這個作法效果很好。會議廳裡有些人反對美國搬遷大使館（而且不在少數，包括玻利維亞和阿拉伯國家的大使），但他們也不想跟哈馬斯扯上關係。他們願意辯護的對象是「無辜的青少年」，因此，當他們看到罹難者和恐怖組織的關聯，就不得不公開為自己辯解。在我們準備的資料的輔助下，我證明這些罹難者並不只是當天剛好到邊境抗議的無辜年輕人。我將資訊提供給安理會，唸出每一名遭殺害的恐怖分子姓名，並證明他們與哈馬斯的關聯。會議室裡很多人感到不自在，因為他們幾天前才為這些人默哀。挺身支持在抗議中遭到殺害的無辜青少年是一回事，但當你揭露這些青少年其實是恐怖分子時，他們自然會感到不自在，而這本來就不該是一件令人自在（pleasant）的事情。

透過參與取得進展

任何政治手段和策略都需要事前準備。我相信以色列可以擔任所有聯合國機構的成員。我決定參選聯合國委員會主席時，有人覺得我不切實際，以色列甚至有某些人覺得我眼高手低。要競選第六委員會的主席，我必須私下進行規劃，並舉行多場祕密會議爭取支持。這種程度的基本功是我在以色列的政治圈學到的。與人共事的原理永遠都一樣，就是結交朋友，並確保自己的成功能為朋友帶來好處。因此我爭取支持時所強調的都是：這不只會是我的勝利，同時也是你的勝利。只要我成為委員會主席，你和你的國家也能得到好處。

聯合國大會下設有六個常設委員會，分別主管裁軍、經濟和金融、人權、非殖民化、聯合國預算和法律議題。法律委員會（或稱第六委員會）負責管理國際法相關事務。以色列沒理由不能擔任法律委員會或其他委員會的主席國。我們加入WEOG後就得到了競選各種職位的權利，但我們過去未曾實際參選任何委員會的主席。

我參選第六委員會主席時發生了一件很有趣的事。委員會主席通常都是以口頭共識決產生，不需要正式投票。但在聯合國，任何事情只要和以色列扯上邊都會變得不正常。我們的對手堅持要求投票表決，因此遭到美國駐聯副大使大衛・布雷斯曼（David Pressman, 1977-）的斥責。「就連格達費（Muammar Gaddafi, 1942-2011）帶領的利比亞也曾依口頭共識決當上主席，」他在聲明中表示：「我們今天不應該舉行投票。聯合國必須接納以色列、讓以色列更接近世界，而不是想方設法將以色列推開。」我一得知六大委員會的主席出現空缺，就立刻進入選戰模式。競選任何職位的人身上都會湧現一股龐大的力量——選舉能在情緒上和心智上帶給人獨一無二的超然體驗。我們全心專注在贏得選戰，並且為此我們有能耐連續工作好幾天，中間只需小睡片刻。這不是我第一次投身選戰，卻是我第一次參與聯合國選舉。這也是以色列的第一次，所以事關重大。

選舉的第一步是瞭解章程和遊戲規則。我知道我必須爭取我們所屬的區域性集團支持。就像下棋一樣，一旦巴勒斯坦得知我的意圖，就會盡一切所能阻撓。我召集所有高級職員，要他們放下手邊所有工作，在接下來的四個小時內模擬以色列參選可能遭遇的所有阻礙。這叫作敵方模擬（enemy simulation），是我在軍中學會的一種技巧，能幫助我們預判敵方的行動。我想瞭解反對以色列成為委員會主席的所有可能論點，以及巴勒斯坦及其盟友可能用來阻撓我獲得提名和任命的所有手段。我提醒他們：「最極端的作法也別漏掉。」目標公開前投入的心力越多，我們勝選的機率就越大。

我們得出的其中一個結論是，巴勒斯坦會先試圖阻止我們取得集團內的支持，因為對他們來說，找一個集團成員國跟我們競爭會比在大會中阻擋我們要容易得多。我們分析了WEOG的所有成員國，認為巴勒斯坦可能會催促土耳其或馬爾他登記參選。我先私下取得友邦的支持，然後和這兩個國家的大使會面，確保他們不會在我宣布參選後也宣布參選。

我在得到確認後便致電法律顧問，要他送出我的參選文件。此舉一如預期引發了敵對陣營的抗議。他們想方設法要在WEOG內部阻止我，但是為時已晚，我取得了集團內多數國家的支持。我們順利通過第一關。巴勒斯坦代表發表聲明，表示我的提名會在大會中遭到阻擋。他說大話前應該先去讀我的自傳，讀了他就會知道，我在爭取支持和勝選方面有很豐富的經驗。當下我保持沉默，指示團隊在投票結束前不要回應任何媒體的發問。

敵對陣營想盡各種下流的手段阻止我參選，宣稱以色列「違反國際法」，因此不能參與重要的委員會，更遑論當任主席。同一時間，我則是花時間會見各方大使。許多大使當時都還不認識我，所以這是結交新朋友的好機會。投票前一週，伊朗試圖引導G-77集團發函反對我參選。要是這封信函發出，他們就能營造出集團內部多數成員國不支持我們的表象，當然事實並非如此。

根據G-77的內部程序，集團主席發出的信函稿若無人公開反對，就會變成整個集團的立場。當年擔任集團主席的伊朗利用了這個規定。我知道麻煩大了。聯合國大會的表決會以匿名投票進行，讓我方的支持者能放心投票，不必擔心巴勒斯坦和阿拉伯國家聯盟報復。但如果要阻擋伊朗的信函，就有人必須公開致信給整個G-77，表達支持我參選。

時間緊迫，距離期限只剩幾個小時。此時，我接到我的朋友，新加坡大使柏罕・加福（Burhan Gafoor, 1965-）的電話，他說他已經獲准發表反對伊朗的公開信。我擔心伊朗會無視新加坡的反對，將原始信函發給所有成員國。但在印度和盧安達都發表公開聲明反對伊朗的提案後，我才知道我們成功阻擋了伊朗的計謀。

投票當天，聯合國充滿節慶氣息。所有人都喜歡選舉，特別是這種充滿戲劇張力的選舉。沒有人缺席，我也準備好要投票了。我知道我的票數足夠，唯一的問題是，若有人試圖將投票延期，他是否有可能做到？我和團隊討論過各種可能的情境，我們已經作好萬全準備。辯論開始後，伊斯蘭國家組織（Organization of Islamic Countries, OIC）中許多國家的代表紛紛上台抨擊我。我暗自笑道，只有我清楚這個組織內有多少人會把票投給我。他們對我和以色列的抨擊尖銳得完全不留情面。挪威代表跑來找我，表示WEOG有許多成員想在投票前發言反擊。我禮貌但堅定地拒絕了：「不行，投票前不能有人發言。」她當時不瞭解為什麼。我有足夠的票數。我從許多辯論和會議的經驗中學到，只要票數足夠，就要儘快開始投票。我不希望有任何延遲，發言可以等到投票結束之後。

投票在所有反對者發言結束後開始。每位大使將自己的決定寫在紙上，然後投進票箱。巴勒斯坦代表在微笑，讓我擔心是不是出了差錯。我環顧四周並端詳大使們的神情，我知道多數人都支持我，但在那幾分鐘內，我還是非常緊張。任何狀況都可能發生。

投票還沒結束，我就打給太太，要她帶著孩子到會議廳。我已經盡力了，我為自己、我的團隊，以及世界各地幫助過我的許多好友感到驕傲。

大會主席宣布投票結果：我得到一百零九個成員國的支持，只有四十四個國家投下反對票。

以色列贏了。這是我國自一九四九年入聯以來首次擔任六個常設委員會的主席。我在擔任主席期間提升了以色列在聯合國議事程序中的能見度。放眼全球，以色列是國際法和對抗恐怖主義的佼佼者，因此，我能貢獻我們在這兩個領域的經驗。我非常高興有機會能與其他大使分享我們有關這兩個議題的知識。

一如預期，巴勒斯坦駐聯合國的主要代表里亞德・曼蘇爾（Riyad Mansour, 1947-）抱怨我選上主席一事，他告訴記者，阿拉伯和穆斯林國家曾嘗試阻撓我方勝選。他指控以色列是「最會違反國際法的國家」，還預測我將破壞第六委員會過去的成果。他錯了。我擔任主席時秉持恭敬、專業、效率的態度，證明以色列有能力，也應該有機會擔任聯合國的任何職位。

擇善固執

在外交和政治領域，我們經常必須說服他人採信自己的觀點，藉此達成自己的目標。我在這兩個領域都有相關的經驗。二〇一三年，我當選聯合黨中央委員會主席，中央委員會是黨內最重要的組織，由來自以色列各地的三千名民選官員組成。雖然聯合黨會召開黨大會，但是實際上決定黨內關鍵立場的，是這個黨內的重要人物和資深黨員方能參與的中央委員會。他們所決定的立場將成為從北到南的各大機構所公開奉行的立場。

要是有人與身為黨主席的總理產生意識形態上的分歧，就必須透過中央委員會進行表決。當總理扛不住來自歐巴馬總統的壓力，下令停止在猶大－撒馬利亞區的建設時，我帶頭號召黨員們反對總理的作法。我知道只要表決採取匿名投票，我就有機會獲勝，於是我開始收集必要的連署。只要爭取到匿名投票，外界預期我會得到多數支持。但如果是記名投票，總理就會獲勝，因為黨員不希望外界認為自己對總理不忠誠。

納坦雅胡總理也知道他會輸掉匿名投票，於是試圖強行進行記名投票。但這個舉動造成意想不到的結果：數百人對他大喊，要求進行匿名投票。過去他只要到中央委員會發表演說，大家就會舉手表決通過他屬意的任何決定。他總是能讓多數人支持他的目標。但是現在卻有上百人要求匿名投票，他也只能屈服於群眾的意志。他一旦發現自己的計畫行不通，就把投票延後。

納坦雅胡總理事後常問我是怎麼爭取到中央委員會的多數支持，因為他怎樣也想不透。我告訴他，我們的所有行動都經過事前思索和規劃。我們會確保自己的立場清楚明確，並告知所有支持者。我對於自己的目標和信念坦承不諱，我的支持者隨時都能瞭解我的立場，就算我的立場與總理的想法或政策背道而馳也一樣。

納坦雅胡總理宣布結束會議後把我叫到他的座車上，要我解釋剛才為什麼那麼多人對他大喊大叫。我秉持的原則是，即便想法不同，我也會保持禮貌，不針對個人進行攻擊。不訴諸人身攻擊也可以堅定、直接地表明立場。我告訴他，大家不是針對他，但他身為領袖，本該聆聽他人的想法。我贏得了中央委員會的信任，這不代表他們反對的是總理本人。我的勝利讓許多人感到訝異，但我也習慣自己被同事和敵人低估。

我反對總理完全都是出於意識形態上的分歧，而從不針對他個人。只可惜他經常將我的反對視為衝著他來的。

最後，總理無視黨內的反對，同意了美國的要求，停止猶大－撒馬利亞區的建設。美方還得寸進尺，希望延長停工時間，而總理也傾向同意。我堅決反對原本十個月的停工和後續的延期，也爭取到黨內的支持。我公開明確地表示反對，重申我在投票前的立場。所有人——包括對政治感到厭倦的人——都知道我不會妥協。就算是對政治最無感的人也知道，一旦我做好功課，就會百分之百投入，向訂下的目標邁進，而且我絕不食言。這種性格讓我充滿力量，讓我連在跟總理對抗時都能占上風。

我和納坦雅胡總理還有過另一次衝突，發生在我們處理加薩的重大武力衝突時，當時我是國防部副部長。二〇一四年六月十二日，三名以色列青少年，艾亞爾・耶弗拉奇（Eyal Yifrach）、吉拉德・謝爾（Gilad Shaar）和納夫塔・弗蘭克爾（Naftali Frenkel）遭到哈馬斯綁架。舉國上下心急如焚，想知道他們的下落。很多民眾自願去找這三個男孩。事情發生在週五下午，他們剛在葉史瓦（yeshiva）[7]上完課，正準備搭便車回家。週六晚上，我拜訪了這三人的家人。此時我已經知道他們很可能遭到綁架。

當時他們生死未卜。其中一個男孩曾在綁架他們的車上打電話。警方手上有那次通話的錄音，錄音內容並不樂觀。這三個男孩代表的是三個背景各異的家庭。遺憾的是，他們被綁後不久就慘遭殺害。這起悲劇引發了更多的暴力事件。我們開始在猶大－撒馬利亞區逮捕哈馬斯間諜，他們就對以色列發射火箭。我們再度捲入暴力衝突當中。我們還發現哈馬斯挖了通往以色列的隧道。這些隧道雖不像真主黨的隧道那麼精密，但依然足以讓恐怖分子潛入以色列，對我國安全造成威脅。我認為在與哈馬斯討論停火前，必須先消除這些隧道的威脅。

時任美國國務卿凱瑞對納坦雅胡總理施壓，希望我方立即停火。這會是錯誤的作法，原因有二：第一，我們希望哈馬斯為發射火箭付出嚴重代價。第二，如果在摧毀隧道前就同意停火，我們依然會受到威脅。於是我告訴總理，我們不該在隧道摧毀前同意停火。我說，要是他屈服於美方的壓力，我將不會繼續擔任國防部副部長。我面臨兩難，因為我知道總理沒有理由不開除我。我的顧問建議我在被總理開除之前公開請辭，藉以取得大眾支持。但當時我並不在乎自己的印象分數，只在乎當下停火會造成的實際影響。

我知道總理在乎外界觀感。也許這是錯誤的決定，但我決定先不請辭，並公開表示反對停火，如果總理執意停火，我將會辭去職位。總理放消息給媒體，表示他想開除我，並指出我的批評對他的努力毫無幫助。他用了非常狠毒的措辭。

總理拔掉我的職位後，我依然不放棄，發出了以下聲明：「總理不接受黨內的其他聲音。納坦雅胡今天早上同意了對以色列非常不利的停火協議。」

儘管他說了那些重話，我們後來依然有辦法合作，因為我總是為了大局著想。總理開除我後，內閣就批准了停火協議，這是錯誤的決定。我認為我們受制於哈馬斯，因此我不管是在當時或現在始終極力反對這種受制狀態。最終，哈馬斯決定不接受停火協議，於是以色列政府終於實現了我一直以來的要求：持續對抗哈馬斯，並且摧毀他們的隧道來消除威脅。

在這件事之後，住在以色列南部的聯合黨中央委員會成員開始感到挫敗和氣憤，他們在第一線面對哈馬斯的恐怖行動，但政府卻對他們的處境視而不見，毫無積極作為。

我計劃在南部城市亞實基倫（Ashkelon）召開中央委員會會議，告訴南部的民眾，我們與他們站在一起。總理反對這場會議，其中一個原因是他將在會議中遭到嚴厲批評。他命令黨部不要給我預算，甚至派人馬嘗試妨害會議的準備工作。我知道會有上千人參加這場會議，所以我親自參與準備工作。我們寄送邀請函，我還親自致電承辦會議的飯店經理：儘管聯合黨發函要求他不要做這場會議的生意，但我擔保他一定會拿到全額費用。我還用我的個人信用卡付了保證金。儘管如此，黨內高層依舊不放棄阻止會議舉行。

總理發覺我執意要舉辦會議，於是決定當天同一時間也在以色列中部另一座城市舉行會議。兩場會議時間相同，與會者只能擇一參加。兩場會議現場都有媒體。我仔細規劃一切，任何細節都不馬虎，甚至計劃在會中提出一項支持南部民眾並譴責哈馬斯暴行的決議。我還邀請一名資深黨員發表演說。我們的會議大獲成功，出席人數比總理那場要多。我事前作好萬全準備，讓大家瞭解會中要討論的事項，以及我對於保衛我國社區採取什麼立場。我們針對決議進行表決。所有人都清楚看到我願意付出一切捍衛自己的意識形態。我在當晚要離開會場時，有一位來自亞實基倫、備受敬重的年長黨員告訴我，因為這場會議順利舉行，他才沒有退出聯合黨。如果有一個人開口表達對我的支持，我相信一定還有更多人默默地支持著我。

我證明了舉辦重要活動並不需要很長的時間。我們經常必須在短時間內把事情做好，而我們要將活動規劃得又快又好的重點在於抱持以下心態：弄清楚達成目標需要做哪些事，並立刻著手進行。做任何事情都需要事先規劃，但規劃不一定要花很多時間。我在以色列就有籌辦大型活動的經驗，所以在聯合國舉辦大型會議時並不害怕。我的團隊年輕又充滿活力，非常擅長在短時間內籌劃大型活動，無論是反BDS活動、收復耶路撒冷五十週年的慶祝活動，還是在皇后區重現以色列建國的歷史性表決。舉辦這些大型活動證明了我們的能力，而具備這種能力的聯合國代表團並不多。我有必要的勇氣和遠見——以及決心。常有人告訴我：這個主意很好，我們明年來做。而我總是會回答：我們現在就做，兩個月內就可以完成。

我在接待大使拜訪以色列時一樣會詳加規劃。我會在事前就安排好所有細節——要參觀哪些歷史遺跡、隧道，以及是否前往邊境。我們清楚大使一路上將與哪些人見面，以及這些人會說些什麼話。我們消除所有計畫外的因素，這既讓賓客玩得盡興，也確保我們達成目的。未雨綢繆非常重要，因為以色列沒有大意的本錢。作為面對眾多敵人和挑戰的小國，我們沒有犯錯的餘地。我們的一舉一動都要有精準的規劃。

第七章　以色列必須化被動為主動

我們必須出言譴責虛偽和不正確的行為、不公或不當的批評，還有事實上的錯誤。

我從來不吝於讚美其他大使，同樣地，當他們對以色列作出不公允的批評或中傷，我也會勇於指出其錯誤。我們不能放任錯誤資訊深植公開紀錄或輿論。確實，這會是一場多條戰線的硬仗，特別是在聯合國和絕大多數的國際場合。許多衝突和誤會都是錯誤資訊引發的。我們必須主動採取攻勢，這對我來說不是問題。轉守為攻才有辦法獲勝。

我已經多次提到，我擔任駐聯大使前是以色列國會議員，國會如同許多政商場合，人們會在公開場合說你好話，在私底下說你的不是。而聯合國則剛好完全相反

——人們很樂意公開詆毀以色列，但在幕後暗中欣賞、欽佩我們。大使們在聯合國的公開行為經常只是表演性質，但這些行為依然可能帶來危險。我們必須讓虛偽和雙標的人付出代價，才能減少這種行為。這是讓熱衷詆毀以色列的人三思而後行的最佳辦法。如果我們要求人們為自己的發言和行為公開負責，就能夠讓他們在未來發言或行動時更加審慎。

先前提到，我曾多次[1]公開指責法國大使，以「可恥」（shameful）形容他對以色列採取的立場。[2]我瞭解安理會的發言慣例是不去針對特定國家或大使，但我還是選擇這麼做。當時我得知法國大使起草了一項決議，他打算譴責以色列在阻止暴動和恢復秩序時使用過當武力。於是，我在安理會發言時直接點名法國大使，而不只是對歐洲國家或歐盟喊話。法國提議派國際觀察員駐紮猶太教的聖地——聖殿山，我對此一提議的回應如下：「以色列堅決反對國際勢力駐紮聖殿山。如果國際社會真心想解決問題，就應認真消除他國對以色列的挑釁。[3]在場沒有任何國家會同意讓國際部隊進入自家首都。」

當他再度提起派國際觀察員到耶路撒冷的想法，我轉守為攻，看著法國大使說，我看過法國政府對待黃背心運動人士和處理國內暴動的方式。我說：「貴國的維安部隊使用大量武力控制暴動，我不記得在場有任何人多作批評。也許我們應該討論是否要派國際觀察員到巴黎的街頭？」

「我知道貴國希望我們能達成區域和平，這也是我們的願望，但達成和平的唯一途徑是雙方直接對話。」我作出這個結論時依然緊盯著他的雙眼。

我對法國大使指名道姓，讓他很難堪，他不習慣在這種場合遭到如此直接的攻擊。許多大使覺得自己的言行在公開場合會得到禮貌性忽略，只有在避開公眾檢視的情況下，才會有人小心翼翼地提起。因此，我公開譴責他偽善，讓他十分震驚。現在聯合國的規矩跟以前不一樣了。我堅持零容忍政策：敢攻擊我們，就要準備好接受猛烈反擊。我會公開揭發攻擊者的謊言，讓沒有查明事實真相的人無地自容。我改變了以色列在聯合國的行事作風。在我任期內，只要有人在會場中攻擊以色列，我們會在同個場子立刻回擊。而且不只這樣，我還會立刻上媒體討論此事。

會後，法國大使跑來跟我說：「那些話不是我自己想說的，我只是奉國內上級的命令行事。」我常在聯合國聽到這個藉口，通常都是騙人的。我告訴他，我很清楚他親自參與擬定譴責以色列的決議。他想把我蒙在鼓裡，但我已經獲知實情了，而且我不會為了和諧假裝自己不知情。我多次上媒體抨擊法國大使，逼得他一再重申自己不喜歡我的作風（這完全無法影響我），更重要的是，這讓他對往後的言行更加審慎。法國和其他國家的大使針對以色列使用的語言並未完全改變，但他們更加字斟句酌。

拒絕聲援仇恨和恐怖分子

每年的十一月底，聯合國都會舉行聲援巴勒斯坦人民日，這是個在本質上敵視以色列的活動，而且通常會通過幾項反以色列決議。這種活動對現狀毫無幫助，也無法改善巴勒斯坦人的生活，只會挑起仇恨和怨懟。我在二〇一六年的活動中批評時任大會主席彼得・湯姆森（Peter Thomson, 1948-）在參與正式會議時佩戴巴勒斯坦解放組織旗幟顏色的圍巾。我對與會來賓說：「聯合國大會的主席理應秉持中立、莊嚴的態度，但他今天竟披著巴勒斯坦的旗幟，出席一場以攻擊、踐踏以色列為唯一目的的活動。」[4]我每年都得表明自己的立場，告訴所有人這場活動不僅虛偽，還可能激起仇恨、造成危險。

更有甚者，聯合國還試圖給予恐怖分子體面的職位，來替他們搽指抹粉，這種事我無法接受。二〇一六年，三十八歲的瓦希德・阿卜杜・阿拉・博許（Wahid Abd

Allah Borsh）在聯合國開發計畫署擔任工程師。當年七月他曾遭以色列警方逮捕，有挪用資源資助恐怖組織哈馬斯的嫌疑。聯合國當時的回應是，因為博許是聯合國員工，所以擁有外交豁免權。聯合國的法務部門還要求以色列允許聯合國官員在博許遭到關押期間跟他會面。[5]

聯合國引用《聯合國憲章》第一〇五條來為博許（和自身）的行為辯解，聲稱博許「享有人身逮捕或拘留的豁免權，其執行任務時的口頭或書面言論及行為免受法律程序處置」。[6]真是荒唐。這件事在我看來沒有討論空間，我們不可能給予恐怖分子豁免權。以色列政府的法律專家想討論聯合國的作法，但我認為沒必要討論。我公開宣布恐怖分子不得享有任何豁免權。這立下了一個先例。我迫使聯合國接受我的看法，也就是博許並未如他們所說的為聯合國提供必要服務（essential services）。我主張博許挪用聯合國的公款資助有利哈馬斯的計畫，包括為其軍事側翼建造一座海軍基地。

鑑於我上述的主張，我呼籲聯合國和其他組織加強監督資金在加薩走廊的運用情形，確保錢花在需要的人身上，而不是流向恐怖組織。我提醒聯合國，國際組織必須監控自己花的每一分錢、雇用的每一位當地人，以確保他們實現援助加薩居民的目的，而不是資助到恐怖活動。[7]

我們絕不給予有協助恐怖分子嫌疑的人豁免權。我拒絕讓這些人幫助了各界公認的恐怖組織後，還有機會得到豁免。二〇一六年，博許承認加入恐怖組織。二〇一七年，以色列法院因為他協助哈馬斯在加薩走廊的活動，判處他七個月徒刑。[8]

拒絕讓仇恨獲勝

二〇一七年十一月二十九日是「分割方案」通過的第七十週年，這項決議讓以色列得以獨立建國。早在前幾個月，我和職員就跟一些猶太組織合作，開始籌劃重現那次歷史性的表決。當年，聯合國大會在今天紐約皇后區皇后博物館的主展場召開，那次表決就是在那裡舉行。要是能在那裡重現影響以色列建國的重大表決，會多麼有意義啊！

和館方討論後，副館長同意承辦我們在二十九日舉行的重現活動。事實上，館方也非常期待這次活動。跟我們接洽的館員覺得這次活動能讓博物館曝光，吸引大量媒體關注。這對他們很重要，因為皇后博物館不在傳統上多數觀光客和紐約人熟悉的曼哈頓「博物館路線」（museum trail）上。當然了，館方也會收到一筆場地租借費。這個安排對所有人都有利。

博物館熱切答應了我們的要求。但在兩週後，時任館長勞拉．萊科維奇（Laura Raicovich）打電話給我，她說董事會決定拒絕承辦我們的活動。如此一百八十度的轉折讓我很震驚，我要她解釋原因。萊科維奇表示，董事會重新考慮過，認為我們的活動具有政治性質，「我們不允許博物館內舉行政治性活動。」

我毫不客氣地跟萊科維奇爭論館方取消的決定，她甚至告訴我，只要是與以色列有關的活動都不可能在博物館內舉行。我拒絕接受董事會的決定和他們給的理由。這是紀念歷史的活動，不是什麼政治活動。接著，館長竟然還膽敢提議我們在十一月底的紐約戶外舉行活動。我沒有因為這通電話放棄尋找答案。「我告訴你，」我說：「我們的活動會在博物館內舉行，到時候站在戶外的人可能是你。」

這次事件是對我個人的一次考驗。我多年來一直公開反對呼籲個人和組織不要投資或購買以色列產品的BDS運動。BDS運動的支持者認為自己的行為能幫助巴勒斯坦人實現目標，但事實不然。跟許多人的認知相反，巴勒斯坦人自己並不支持撤資運動。以色列在猶大－撒馬利亞區至少有十四座產業園區、將近八百座生產廠房。[9]

這些工廠雇用超過一萬一千名巴勒斯坦員工，支付的薪水是其他巴勒斯坦人平均薪資的兩到三倍。猶大-撒馬利亞區有一成四的巴勒斯坦勞工都在以色列工作。上千名巴勒斯坦農民與以色列人合作，學習如何改良農業技術。

根據聯合國貿易和發展會議（UN Conference on Trade and Development, UNCTAD）統計，在猶太社區工作的巴勒斯坦人約有十三萬[10]——但這個數字很可能低估了實際人數，因為有許多巴勒斯坦人未取得工作證就進入以色列。[11]巴勒斯坦人也得益於以色列的創新、科技和醫藥。巴勒斯坦人沒有理由支持ＢＤＳ運動，反而應該加以反對，事實上也確實如此。巴勒斯坦自治政府領導人馬哈茂德・阿巴斯（Mahmoud Abbas, 1935-）就反對ＢＤＳ運動和抵制以色列。[12]散布仇恨是支持ＢＤＳ運動的唯一理由。

我曾到許多大學鼓勵學生不要袖手旁觀，站出來反對ＢＤＳ運動。現在，我自己實際遇到一個積極推動ＢＤＳ運動的人。保持沉默自然不在選項之內。我接受挑戰，進入戰鬥模式。

要開啟攻勢，我得先知道作決定的人是誰、背後的動機是什麼。我蒐集了有關皇后博物館、博物館董事會和萊科維奇的資訊，很快就查到萊科維奇是非常活躍、高調的ＢＤＳ支持者。她的立場並不中立，而且還是《採取抵制：抵抗、施為和文化生產》（*Assuming Boycott: Resistant, Agency, and Cultural Production*）這本書的共同編輯，[13]這本文集包含了支持ＢＤＳ運動的內容。她在書中還特別提到利用博物館（包括皇后博物館）從事政治行動，當中包括了ＢＤＳ。[14]

我取消當天所有的會議，打給紐約市所有可能幫得上忙的人，包括當地議員、博物館金主、州內的政治人物，還有市長辦公室。我打了幾十通電話，告訴他們事發經過，試圖藉此向館方施壓，讓他們撤回取消活動的決定。我甚至打給許多我不認識的人，但這對我來說一點都不是問題。要贏就要豁出去，不應該心想「或許我不該這麼做」，應該要想「我應該、可以，也必須這麼做」。

起初，新聞報導博物館遭到「巴勒斯坦友人」（Palestinian friends）的施壓，[15]讓董事會不得不屈服，取消我們的活動，但事實完全不是這樣。真正的主使者是館長萊科維奇，她為了自己的意識形態，讓館方主動取消了我們的活動。

雖然後來大家都知道了是館方食言在先，看到那麼多人支持我們的活動，依然令我感到相當欣慰。因為萊科維奇是由白思豪（Bill de Blasio, 1961-）市長本人指派的，有些以色列同仁覺得這件事會讓我們與紐約市長的關係產生緊張，但他們錯了。以色列駐紐約領事館的資深官員要求緊急會面，他們害怕我的行動會染上政治色彩，影響到白思豪市長競選連任。我禮貌但堅定地回答他們：這件事早就已經染上政治色彩了，我們不該因此卻步或放棄。我無視他們要我罷手的請求。我明白他們的顧慮，但依然我行我素。市長辦公室沒有發表意見，但有許多市議員（不管是不是猶太人）都公開支持我們。市議會議長梅麗莎・馬克－維維里托（Melissa Mark-Viverito, 1969-）[16]和其他議員都呼籲館方撤回決定。

不久後，我接到博物館董事會主席的來電。他表示想跟我見面，並告訴我館方願意於原訂日期在館內承辦我們的活動。這是正確的決定。當天，我們還確認了副總統麥克・彭斯（Mike Pence, 1959-）也會一同參與我們的慶祝活動。

隔天，我在辦公室與董事會主席彼得・華瑞克（Peter Warwick）見面，他針對我和博物館館長之間的衝突向我道歉。華瑞克在離開使團前告訴我，館方董事會已經對整起事件展開調查，並開除副館長大衛・史特勞斯（David Strauss）。這個消息讓我感到難過，我知道有問題的不是史特勞斯。他是博物館界的專業人士，一切都按照規矩來，但館方需要一個代罪羔羊。我知道問題出在館長身上，但我沒有資格告訴他們該怎麼做事。他們只要參考我發表的聲明，以及我在這次會面前四十八小時內接受的訪問，就能瞭解我對萊科維奇和她編輯、出版的那本書有何看法。

經過詳盡的調查後，館方認為萊科維奇的作法有缺失。這份公開的調查報告[17]表示萊科維奇「甚至在諮詢董事會之前，便立即反對博物館承辦該活動」。整起調查為期三個月，審查超過六千封電子郵件，進行二十多場訪談，結果發現萊科維奇「刻意誤導」董事會，而且「表現不符其職位應有的標準」。此外，調查還揭露萊科維奇曾告訴董事會博物館有禁止舉辦政治活動的政策，而事實上並沒有這類的政策。也就是說，她欺騙了我和她自己的董事會。

就算有這種政策，我們要舉辦的也並非政治活動，只是重演博物館內實際發生過的歷史事件。這件事得到紐約當地和世界各地的媒體報導。我們的勝利讓每天都必須面對ＢＤＳ運動的上千名猶太學生和其他人知道，維持信念、展現勇氣並堅持到底的人終究會得到勝利。

活動當天，我們原本擔心ＢＤＳ人士在場外抗議，破壞活動氣氛，結果我們白擔心了。活動很盛大，有數百名聯合國代表、大使和其他官員出席，他們順利地觀賞這次重現，並從中學習。有一名他國大使問我為什麼彭斯副總統會出席，當下我才意識到這次活動的意義有多重大。彭斯副總統的出席讓我們十分驚喜，他還在發言中暗示美國大使館即將遷到耶路撒冷。這次活動具有重要的歷史意義，也顯示了美國與以色列之間延續至今的堅固情誼。勞拉・萊科維奇在活動的幾個月後「辭職」，但我覺得她更有可能是被拔官了。

錯誤主張必須予以反駁

聯合國也發生過類似的事件。二〇〇〇年代初期，甚至更久以前，有許多作法極端的敵人試圖將以色列與實施種族隔離制度的南非政權相提並論。我們的敵人用這套說法試圖讓我們和南非遭受相同的制裁，協助巴勒斯坦實現目標。他們試圖幫以色列貼上種族隔離的標籤，這完全不符合現實。他們的類比不僅完全錯誤而且很危險。我把使用這種語言的行為稱作外交恐怖主義（diplomatic terrorism），而通過反以色列的決議也是一種外交恐怖主義。

外交恐怖主義的目的是營造一種環境或機制，強迫我們不先行協商就與巴勒斯坦達成協議。十分遺憾的是，巴勒斯坦的領導層不願意協商，只想日以繼夜地詆毀我們。我相信，比起推動巴勒斯坦的利益，他們更在乎散播對以色列的仇恨。他們是真心相信仇恨和煽動言論能迫使我們接受不利的協議。這種策略不可能有效，但他們依然妄想把我們說成實施種族隔離制的惡霸國家，讓我們無法立足於國際社會。不管是過去或未來，這種伎倆都沒用。

聯合國有許多的機構和集團。它們要對以色列施壓、作出支持巴勒斯坦「大業」（cause）姿態的其中一個方法就是通過決議，要求每年針對以色列的狀況進行報告，報告的內容對我們總是非常苛刻。我們每年都得處理十幾份這種報告。二〇一七年三月（我擔任駐聯大使期間）撰寫並發表的其中一份報告也用種族隔離（Apartheid）這個詞語譴責以色列。這份名為〈以色列對待巴勒斯坦人民實務暨種族隔離問題〉（Israeli Practices Toward the Palestinian People and the Question of Apartheid）的報告[18]由聯合國西亞經濟社會委員會（UN Economic and Social Commission for Western Asia, ESCWA）發表。ESCWA的總部位於貝魯特，成員中有十八個阿拉伯國家，其中兩個（約旦和埃及）現已和以色列簽訂和平協定。但撰寫這份報告的，是曾任聯合國駐巴勒斯坦領土特別報告員（Special Rapporteur）的美國人理察・福爾克（Richard Falk, 1930-），他以對以色列和美國的嚴厲批評著稱；還有南伊利諾大學（Southern Illinois University）的政治學教授維吉妮亞・提利（Virginia Tilley, 1953-）。

兩位作者的結論是：以色列建立了一個實行種族隔離制度的政權，目的是支配巴勒斯坦人。他們的建議包括重啟聯合國反種族隔離中心（已於一九九四年南非結束種族隔離制度時關閉）。這份報告還呼籲大眾支持針對以色列的BDS運動。

聯合國副祕書長兼ESCWA執行祕書麗瑪・哈拉夫（Rima Khalaf, 1953-）接續該報告發表了一份公開聲明。該聲明重申了她荒謬的主張，即以色列建立起了種族隔離政權，而且還提到這「給聯合國這個組織造成了一大難題」。

我以毫不容忍的作法來處理這份報告和其他類似的可恥報告。發表這份報告的委員會並不隸屬於安理會，但哈拉夫利用她的職權推行不利以色列的想法。發生這種事情時，你有三種選擇。第一種是視而不見，並希望沒有人注意到報告。過去有許多大使曾採取這種作法。以色列有些外交官會說：別管他們，當作沒看見就好。第二種選擇是發表外交聲明，清楚表示反對報告內容。譬如寫一封正式信函給祕書長，留下紀錄。這是我上任前以色列使團的標準作法。

我持續推廣第三種選擇，那就是回擊，不要忽略這類報告，或只是寫一封正式的抱怨信。使團的專業團隊告訴我，這不是第一份這種報告，也不會是最後一份，勸我不要大驚小怪。我不接受這個建議。就算什麼也改變不了，我們也必須告訴撰寫、發表這些報告，並把它們送到聯合國的人，我們對這些報告的存在完全知情，而且會閱讀所有內容。我們必須公開質疑、駁斥這些報告。我們絕對會當著眾人的面跟你們大吵一架。

我很清楚這種作法有風險。要是我把這件事變成公開議題，結果卻失敗了，場面一定會很難看。但我認為失敗也會有好處，因為我能透過回應讓所有人知道，我們不會默不作聲，反而會去挑戰這些報告。這麼做能讓對方知道，他們必須為自己撰寫的報告內容負責。所以在這種狀況下出聲反駁絕對是值得的。

我開始遊說眾人反抗哈拉夫。我和妮基・海莉還有其他大使見面，討論下一步該怎麼做。妮基立刻表示會反對這份報告，其他大使則表示必須跟國內確認才能作決定。我也和聯合國祕書長安東尼歐・古特瑞斯（António Guterres, 1949-）見面。他必須瞭解，雖然他身為祕書長，一年必須簽署數十份報告，沒時間詳細閱讀報告內容，但在以色列人民眼裡，只要他簽了名，就表示他為這些報告背書。祕書長誠懇地告訴我：「丹尼，我沒注意到，我沒讀過內容。」

我和祕書長會面後發生了幾件事。首先，聯合國網站撤下了那份報告。古特瑞斯祕書長與報告內容切割，他的發言人斯特凡・杜加里克（Stéphane Dujarric, 1965-）表示那份報告在發表前沒有諮詢過聯合國祕書處。「這份報告目前的內容並不反映祕書長個人的觀點。」杜加里克這麼說道。

我到處和其他大使會面、打了許多通電話，許多大使、猶太社群領袖和以色列的其他重要好友向我保證會致電祕書長，向他表達對這份報告的不滿，並要求他與之切割、取消其合法性。這些電話和壓力逐漸累積成一股可觀的力量。哈拉夫發表請辭聲明時，我鬆了一口氣，也感到心滿意足。所有聯合國使團都很清楚，她辭職的原因無他，就是那份敵視以色列的報告。我們的施壓成功迫使哈拉夫辭職，這對聯合國的其他官員傳達了一則訊息：我們會關注並瞭解所有對我們不利的言論。我們會把錯誤訊息記錄下來，並予以回應和駁斥。

面對衝突，據理力爭永遠是值得的選擇。我從經驗中學到，面對以色列的敵人，即便不知道結果將是如何，挺身而戰總是值得的。

出聲反對這份報告還帶來另一個好處：祕書長制定了一條新的程序規定，要求祕書長辦公室簽署每一份報告都必須先經過他本人的核准。這對我們來說是好消息，因為往後聯合國官員在撰寫報告時就會字斟句酌。祕書長的總幹事曾抱怨我增加了他們的工作量，但他們後來聘請了一名員工負責在報告發表前進行審查和修訂。

我想表達的是，以色列不能忽略錯誤訊息，特別是已經進入輿論的錯誤訊息。這是我們必須持續參與的戰鬥。我們並不害怕批評或血淋淋的事實，畢竟我們希望與各界進行對話。但我們絕不容忍他人藉由散布錯誤訊息進行政治操作，這是我們不應該，也不會忽略的問題。

第八章　以色列必須突顯自己的優勢

我們面對批評時替自己辯護固然天經地義，
但更重要的是讓眾人明白我們所提出的解決方案對大家都有益。

我必須強調，透過與友人和伙伴合作，還有跟他們分享資訊、知識和經驗，藉以搭建橋梁並且完成自己的目標非常重要。我們不該把焦點都放在衝突和問題上，應該提出新的、正面的規劃事項，尤其是在已經習慣花費大量精力批評以色列的聯合國。我們的提案對於化解敵意、改變觀感很重要。我和所有猶太人都肩負「修復世界」（*tikkun olam*）的義務。這是猶太教的一種概念，呼籲世人採取有建設性、有益的行為舉止，協助修復世界。

我就任大使時給了自己一個功課，那就是想辦法提升外界對以色列的評價，我的作法是和其他大使和國家分享能促進他們經濟和社會狀況的科技、創新和資訊。在跟每位大使會面之前，我都會先準備好一份清單，列出以色列能提供協助的議題。我把重點放在解決方案，而非問題之上。我不談我們之間的差異，而是專注討論我們的共通點。

通常，在一般人的想像中，聯合國大使的工作就是在大會和安理會的不同組織和各種委員會中代表各成員國進行互動，也就是國與國之間的互動。事實上，所有使團大部分的工作，都是跟聯合國祕書長辦公室與其中的官員合作。你必須瞭解的是，坐落在曼哈頓東河的這棟著名建築物裡頭有上百間辦公室，以及數千名各類職位的員工。各個成員國與聯合國本身之間的互動也很頻繁。在過去，以色列和聯合國之間的關係充滿辯論和爭執，因為我們想阻止任何聯合國機關介入我們區域內的事務。但現在情況不一樣了。我們瞭解到合作蘊含的可能性，尤其是透過與聯合國分享我們的科技實力，以及提高我們對「軟」議題的參與度，都能提升以色列的國際地位。

以色列與聯合國的合作可以分成兩個層面。第一個層面是與聯合國本身及其內部組織或部門的合作，第二個層面是國與國以及大使之間的雙邊關係。大使之間的私交也是外交的關鍵要素。儘管我們在許多國家設有大使館，但經由聯合國做事能更快看到成效。多數大使都有辦法直接與國家元首對話，並能立即得到答案。

曾經有幾次，有外國元首希望參訪以色列，該國駐聯大使會打電話給我要求幫忙安排、確認行程。接到這類電話時，我會打給總理，而總理總是很樂意接待外國元首，所以我很快就能為這些大使取得參訪的許可。後來我才發現，以色列外交部的人力不足，無法協調這類參訪，所以他們才經常請外賓明年再來拜訪。我覺得這種作法是錯的，於是說服總理下達明確的指令，表示我們很樂意在外國元首指定的日期接待他們。

在我安排過幾次參訪後，以色列外交部的總幹事打電話給我，表示他覺得我在協調這些官方請求時無視了我們的駐外大使館。我回答，這些大使之所以在紐約聯絡我，便是因為其他人都不曾答覆他們。他們很清楚我則是有問必答。

以色列能為世界帶來許多貢獻

作為一個年輕、新創（start-up）的國家，我們可以提供許多幫助。以色列在自然資源稀缺的黎凡特（Levant）地區[1]打造了強盛的經濟體。過去數十年來，我們在經濟、社會和科技方面突飛猛進，令世人嘖嘖稱奇。我們最主要的出口商品有切割鑽石、高科技設備和藥品，[2]我們培養的研究員、學者、科學家、創新人士和企業家等人力資本為以色列的經濟和全世界貢獻良多。科學和科技是我國發展最先進的兩個領域。我國的民間研發支出占了將近百分之五的國內生產毛額（gross domestic product, GDP），[3]在全世界排名第一。二〇一九年，彭博[4]將以色列排在全球創新排行榜的第五名。以色列的人均專利申請數量在全世界也是數一數二。[5]

當你將以色列和鄰國比較後，便會更佩服我們在短時間內達到的成就。以色列的平均收入約為鄰國的兩倍，人均GDP約為鄰國的十倍，這主要來自我們過去三十年來驚人的經濟成長。從一九八五年至今，以色列的經濟成長了十倍，[6]產業從農業擴展到生物科技、[7]航空、製藥和通訊產品。

美國傳統基金會（Heritage Foundation）於二〇二一年公布的經濟自由度指數中，以色列（七三・八分）在全世界排名第二十六。[8]在中東和北非的十四個國家中，以色列排名第二，總體分數也高於區域和世界平均。

我們殫精竭慮地維持我們的創新精神。時常有人問我，以色列是怎麼辦到的？要回答這個問題，必須提到幾項事實。第一，我們別無選擇。我們若不要因為屈服而陷入持續不斷的掙扎，就必須跳脫框架思考、克服自然環境的限制，並從零開始打造一個先進的社會。我們沒有本錢怠惰；怠惰很危險，會讓我們一事無成。我們希望國家繁榮，於是選擇了創新這條路，想出了各種解決方案和點子。如果我們的國土盛產石油，可能就不會發展出這種創新精神了。因此，就許多方面而言，我們很幸運位於沒有石油資源的地方。

第二個因素是來自蘇聯的移民，其中有許多受過教育的工程師、技師、教師、科學家和研究員，他們帶著各式各樣的知識來到以色列。移民的人數超過一百萬人，大部分都受過教育。這只是眾多因素之一，但確實十分關鍵。所有人都同意這波移民的重要性。要不是有這群人幫助強化我們的經濟，以色列不會有今天如此穩固的地位。

第三個因素是我們的青年男女都必須服軍事義務役。服役讓他們在年輕時就有擔任領袖的機會，藉此得到寶貴的經驗。所有健全的國民在十八歲高中畢業後都必須服軍事義務役，所以他們到了二十一歲時便已有成熟的心智，並且已具備熟練的特定技能。部隊中有各式各樣的職務，能讓每個人一展長才。有些人研究並維護網路安全，有些人學寫電腦程式或維修，其他人則從事外勤工作。擔任領袖、學習承擔責任的實務經驗，讓我們不管是在國內、區域內或國際間都具備相當影響力。

我們也讓年輕人有自由發想並嘗試新點子的機會。這不僅能提升軍隊的實力，也有助私部門和經濟的擴張。服完兵役的年輕人已經有足夠的自信和能力去創立公司、發展自己的想法，或為既有的公司作出貢獻。這種案例不勝枚舉，因為我們為創新人士和創新想法提供充足支援。任何社會或國家想要保持穩固、安全並產出能改變世界的點子，都必須重視創新。

在此，我想提出幾個我曾在各種聯合國活動中舉出的以色列創新案例。

防火牆是最早發明的防惡意程式軟體，能保護我們的資料不受危險的網路犯罪活動攻擊。防火牆是電腦安全的基石之一，可能也是以色列最偉大的電腦科技發明。Check Point軟體技術公司（Check Point Software Technologies）位於以色列，其創辦人吉爾・薛德（Gil Shwed, 1968-）、馬里烏斯・納赫特（Marius Nacht, 1962-）和施洛姆・克萊默（Shlomo Kramer）於一九九三年開發出了第一款成功的商用防火牆。

耐特菲姆（Netafim）的沙漠灌溉系統幫助了在乾燥氣候中種植作物的以色列農民。這項技術確保糧食作物能得到足夠的灌溉。一九六五年，工程師西姆查・布拉斯（Simcha Blass, 1897-1982）觀察兩棵相鄰的樹，其中一棵小、一棵大。他發現大樹旁邊有一條水管，而且水管上有一道小裂縫，讓水從中慢慢地滴出來。布拉斯靈光乍現，他發現只要用緩慢、穩定的水滴灌溉，就能讓植物成長茁壯。因此，他開發出了能以有限水源種植作物的滴灌系統。到了一九六七年，耐特菲姆的發明讓以色列阿拉伯谷沙漠（Arava desert）中的作物產量提升了七成，該區域的用水量還減少了。今天，高達一百一十個國家使用這套系統，有將近兩千五百萬英畝的土地因此恢復了生機。

Watergen能用空氣製造高品質飲用水，你沒弄錯，真的就是從空氣中汲水。Watergen於二〇一〇年創立，其發明可從各種氣候環境中（從雨林到以色列的沙漠氣候）萃取空氣中的水氣。這項技術能同時過濾並清除空氣中的汙染物質，淨化萃取到的水，讓人可以安全飲用。這個裝置在全球各地的災區都有人使用，包括二〇一七年遭到瑪莉亞颶風重創的波多黎各。

Given Imaging〔現已改名為美敦力（Medtronic）〕的科學家葛瑞爾・伊登（Gavriel Iddan）發明了PillCam膠囊內視鏡，這是可食用的一次性攝影機，能將資料傳送到人體外的接收器。PillCam得到美國食品藥物管理局核可，現在，世界各地都有人用PillCam診斷消化系統內的感染、腸道疾病和癌細胞。此外，PillCam也能拍到消化系統內用傳統內視鏡通常看不到的區域。在PillCam原型發表十四年後，伊登獲頒歐洲發明家獎（European Inventor Award）。

以上只是以色列各種點子和創新的一小部分。其他國家（像是新加坡和波蘭）的公共教育可能比我們做得更好，或者更嚴謹，但在創新和勤奮的精神方面，沒人比得上我們。除非其他國家願意改變態度，否則很難跟我們競爭。我們的開放心胸、熱忱和支持，鼓舞了人民構思新的想法，並予以實踐。以色列必須繼續投資科學與科技教育，確保投入足夠的人力發展科技和醫藥；我們也得維持形象，吸引各地的猶太人回歸祖國。

二〇一五年，在我擔任科技部部長時，曾有一個中國商業投資代表團前來拜訪我。我請他們清楚說明他們感興趣的投資項目，是否有特別感興趣的領域，像是醫療、生物科技或農業。他們的回答讓我大吃一驚：他們說，只要是猶太人的公司，他們都有興趣投資，因為他們覺得我們產品的品質鶴立雞群。這件事讓我覺得好笑又有趣，中國代表團的態度證明了國際間將以色列視為科技和創新的強國。我的相關經驗幫上了忙。我深入研究以色列有哪些最新的創新成果能實際應用在世界各地。我在聯合國面對已開發和開發中國家時，都會利用這種形象協助推廣以色列公司的利益、建立橋梁，並鼓勵聯合國購買以色列產品。

我發覺以色列有能力為聯合國提供有價值的科技和其他商品。聯合國就像一間大企業。我們把聯合國視為一個廣大市場，希望能藉由投入這個市場促進雙方利益。聯合國在全球共有一百九十三個辦事處，雇用三萬七千名員工。光是在曼哈頓的員工就高達五千人。聯合國這個大型組織擁有充沛經費以及健全的採購部門。

我很清楚聯合國對以色列的敵意根深柢固。我們若要與聯合國的採購部門建立合作關係，將會是一場艱辛的戰鬥。我第一次提出與採購部門合作的想法時，聯合國行政人員的反應一如預期，因為這個組織傳統上對以色列抱持的敵意而不願意與我們做生意。但他們很樂意向其他國家購買產品和服務，例如跟美國買醫療資源、跟俄羅斯購買直升機等等。

此外，我們也成功讓以色列人在聯合國擔任曝光度高的職位。雖然有以色列人在聯合國從事維安工作，但整體而言，聯合國雇用的以色列員工並不多。我想改變這一點。有次，我發現讓一位以色列恐怖主義專家升遷的機會，他本來就在聯合國委員會工作，只不過並非位居高階職位。我認為他是最值得升遷的人選。我找他的上司討論，而他也同意這名員工——杜迪．澤奇亞（Dudi Zechia）——是升遷的最佳人選，但因為他是以色列人，想讓他升遷會遭遇很多困難，一定會有人提出反對。這是聯合國的問題——許多經驗豐富、技術精良、知識淵博的以色列人就是因為他們的國籍而無法順利升遷。

但我沒有因此而放棄。杜迪是最佳人選，升遷是他應得的。他要是能順利脫穎而出，便將是以色列首位聯合國高階職員。一如預期，一當委員會提起他的名字，某些阿拉伯國家就立刻提出反對。我很失望，因為就連與我們關係緊密的埃及也公開發函反對這次提名。通常在這種情況下，提名程序就會中斷，最終不了了之。但這次不一樣。我說什麼也不願放棄，繼續為杜迪遊說。

聯合國祕書長潘基文到以色列拜訪時與總理開了兩場會議。其中一場有顧問和高階職員出席，另一場則只有潘基文和總理兩人。外交部準備了一份清單，列出待兩人討論的十五項議題。十五項實在太多了，他們絕對討論不完。於是我把範圍縮減到三個主題，其中兩個與恐怖主義相關，最後一個就是杜迪的升遷。總理問起我這件事，我向他解釋，我們必須透過杜迪的升遷打開先例，而且我們不能再允許對手阻撓以色列人擔任聯合國的高階職位。

我原本不確定總理在會議中是否會提起這件事。但祕書長一走出會議室就打給資深政治事務副祕書長，美國外交官傑佛瑞・費爾特曼（Jeffrey Feltman, 1959-），告訴他立刻處理雇用杜迪的事宜。當時我也在會議室，剛好聽到了這段對話。杜迪順利獲得升遷。這是我們的一大勝利，而且杜迪在職位上表現優異。多虧有總理和聯合國祕書長的介入，這件事才得以實現。

過去聯合國一直在實質上從事BDS運動，只是沒有正式承認，因為他們一直避免接觸以色列公司、購買以色列產品。BDS運動者不一定都是公開行事，有些人甚至沒有意識到自己在從事BDS運動。BDS的宣傳活動經常會造成寒蟬效應，讓人下意識地試著避免衝突，在無意中抵制了以色列。聯合國的狀況就是如此。聯合國並未發布準則支持抵制以色列，但事實就是如此。同樣地，有人告訴我這個情況無法改變，不該說服聯合國購買以色列產品。大家都覺得這是白費力氣，因為聯合國會屈服於來自某些阿拉伯國家的施壓和反彈，某些西方國家也會為了維護自己的經濟利益而反對。

我相信我們有能力改變局勢，因為我知道以色列產品的品質、價值和功能足以克服任何政治或意識形態的疑慮。從戰略的角度來看，我們也必須嘗試。我來到聯合國任職後，開始更有組織地推動與聯合國進行商業往來。與聯合國做生意對我們有許多好處。我總是強調安理會的辯論不應只是討論政治和衝突。我們必須讓所有人看到以色列提供的科技、實力、知識和創新。協助以色列公司販售產品除了有助經濟發展，也能大幅提升我們的國家安全。我知道只要聯合國與以色列公司合作，就會懂得欣賞以色列的科技，因此改變對我們的看法。

要達成這個目標需要動機和堅持，而我兩樣都不缺。我的願景分成三個階段，我將之稱為三個T：我們會出售重要科技（technology）、提供訓練（training）以及支援部隊（troops）。我們發現前兩個T比最後一個要容易實現許多，也確實在我的任期內完成。現在，我們會提供訓練，分享有關災害和重建的大量知識。在醫療領域，聯合國會聘請以色列的訓練專家教導位於世界各地的培訓人員各種醫療程序，特別是在戰場上治療嚴重傷員和搭建野外醫院。以色列出於自身需要而成為這兩個領域的頂尖國家。我國的專家在實務上的專業獲得各界尊敬。

做行善的生意

要在聯合國，或透過聯合國分享我們的科技，雖然挑戰重重，但不是不可能。長久以來，以色列都是無人飛行載具（UAV）科技的領導者。一九七〇年代晚期，我們為了應對埃及和敘利亞前線的威脅而開始發展這項技術。一九八二年的戰爭中，我們成功利用UAV取得監控影像，用以對抗敘利亞的防空武力。全球各地有越來越多國家投入這個領域，目前有許多國家都已在製造精良的UAV系統，包括美國、中國，甚至是土耳其。[9]

這表示雖然現今的無人機市場競爭激烈，但也存在大量需求。以色列握有幾項獨家的無人機技術。以色列製造商除了持續生產小型、適合高海拔監控的UAV以外，也是抗UAV科技的領頭羊。我們的鐵穹（Iron Dome）飛彈防禦系統可以對抗無人機。某些製造商還試做了可以擊落敵對無人機的雷射防禦系統。我們也打造某些人稱為「自殺式無人機」（kamikaze drones）的小型滯空型彈藥。它們基本上就是能夠四處飛行的彈頭（flying warheads），而且若是沒有引爆的話還能返回基地。這種武器的功能是在目標上空盤旋，等待敵人進入射程範圍，在完美的時機進行精準打擊。[10]我的重點是，以色列擁有獨門技術，而且經常根據需求進行開發，但其他國家也能使用這些技術進行防衛和維安。

目前，以色列的無人機主要用於軍事用途，但它們也可以用來執行維和任務。我和聯合國一名主掌採購的高級官員見面——這可是位高權重的職位——他告訴我，雖然他很重視我們的友誼，也欽佩我國的創新實力，但因為顧忌阿拉伯國家會有所反彈，他無法購買以色列的任何產品。他說，針對無人機的採購，他考慮了幾家公司，最後很可能會選擇其中一家歐洲公司。他覺得選擇以色列公司會造成很多麻煩，儘管這只是預算表中的一行字，還是可能會有很多人（不只是聯合國的大使）注意到，並借題發揮。這麼做會在聯合國引發爭論，甚至還會引發媒體論戰。我對此抱持懷疑態度，但真是這樣又如何呢？這些爭議很快就會遭到遺忘，而且我知道以色列的產品更出色。

我要求看看他考慮的歐洲無人機型號。我看完之後告訴他，如果他打算買這款無人機，就得知道它的引擎和攝影機都是以色列開發、製造的。這兩個部分是無人機得以運作的核心。我看著他的雙眼說：「你想買的這款並不是歐洲製造的無人機，而是比較貴的以色列製無人機。」換句話說，聯合國直接跟以色列買類似（而且可能更好）的無人機，不僅能省下大筆金錢，還能買到更好的產品。

他被我這一席話說服了，承諾我會努力看看。聯合國當然總是擔心他們派到衝突地區的部隊。若我們提供的解決方案能保護部隊安全，就可以避免無謂的傷亡。我找到兩家製造無人機的以色列公司，而他們參與了投標。我只希望聯合國能購買以色列公司生產的無人機，最後選擇哪一家並不重要。這位副祕書長承諾他會選擇最好的產品，不讓政治考量影響他的決策。最後贏得標案的是其中一家以色列公司。這是一個很好的開始。

向這些製造商購買產品還附送服務，他們派人到聯合國解說設備的使用方法，並為聯合國的相關人員提供培訓。也就是說，他們不是在賣出無人機後就對客戶置之不理。他們販賣的商品包括知識、技術支援和後續的教育。聯合國對他們的技術和服務非常滿意。以色列也經由這個首次參與聯合國採購流程的機會，開啟了後來得以參與更多科技和裝置標案的大門，為保護聯合國的維和部隊共盡一份心力。那位副祕書長給了我們機會，從那時起，以色列就一直販售無人機給聯合國。我們也販售其他產品，包括聯合國基地大門用來控制人員進出的識別技術。最後證明副祕書長是白操心了，跟我預期的一樣，沒有人出聲反對聯合國向以色列採購無人機。根本沒人在乎。我證明了，在我們的協助之下，人們有辦法理解以色列科技能為世界帶來許多貢獻。

教宗拜訪非洲時，聯合國購置了以色列公司RT浮升系統公司（RT Aerostats Systems）製造的監控氣球（surveillance balloon），確保教宗在旅途中的安全。這種氣球搭載攝影機，能監控方圓三十英里內是否有威脅接近。若有，系統會發出警示，通知位於氣球控制室的維安部隊。製造商還會提供培訓，讓在任何人在任何地方使用這項技術都能掌握潛在目標周遭的狀況，無論地點是在叢林、沙漠還是人口密集的都會地區。

事實證明這種氣球比用來在類似情況下保護政要的無人飛行器更可靠，而且相較於傳統技術，氣球的操作成本相當低廉。教宗拜訪哥倫比亞時舉行了三場彌撒，其中有兩場就應用了這種氣球。RT浮升系統公司的一名職員告訴記者：「除了配備先進的日夜兩用攝影機，氣球還能自動偵測可疑動靜，放大檢視我們想追蹤的目標，還能在鎖定特定目標的同時瀏覽整個區域。」波哥大和麥德林的警方租用這種裝置，將錄到的影像直接傳送到警方總部。它能掃描群眾、屋頂和從地面上看不到的其他地方。[11]

我為自己在聯合國取得前兩個T——訓練和科技——的進展感到自豪。我先專注在這兩個T，因為我們應該盡可能在各種層面幫助聯合國，並與之合作。各國也比較願意在這兩個領域跟我們合作。

我相信最後一個T——讓以色列部隊加入聯合國維和任務——有朝一日能夠實現。我們持續努力嘗試派兵給聯合國。我國軍隊的精良程度在世界上數一數二，有能力如何處理各種棘手的衝突。我們遭遇過太多需要預防、轉移和防禦的挑戰，因此擁有豐富的專業知識和實戰經驗。這讓我們比其他國家更具優勢。我們有能力訓練聯合國部隊進行搜救、戰場醫療和處理危急情況。

我成功開啟了這方面的對話。我認為要在這方面取得進展，最好的方法並非派以色列士兵參與維和任務，而是由以色列警方提供協助。警界男女受過高度訓練，我知道他們絕對能幫上聯合國。這個想法尚未成真，但是我懷抱希望。這是我們尚待實現的目標。

我們的警力已取得實質成果。舉例來說，海地大地震發生後，我們派了一批受過高度訓練的員警到當地，他們除了協助賑災，也教導當地執法人員如何維持治安。我們知道如何快速動員，也願意分享我們的技術。我們還無法派軍隊到聯合國參與維和任務，但我們能在危機發生時迅速派遣快速反應小組到受影響的地區。二〇二一年六月，佛羅里達州瑟夫賽德（Surfside）一棟大樓倒塌時，除了無人機和搜救團隊，以色列還派出技術高超、受過災難復原訓練的後備士兵。[12]他們在接獲召集令的幾個小時後就到達現場。

除了安全、國防和災難救助，我們也希望能儘量在其他領域出一份力。例如，以色列有一個名為童心拯救會（Save a Child's Heart, SACH）的跨國非營利組織，其宗旨為提升開發中國家的小兒心臟醫療水準，幫助罹患心臟疾病，卻無法在自己國內得到適當醫療的孩子。世界上有許多孩子罹患風溼性和先天性心臟病，卻因為無法取得醫療照護，或者當地缺乏治療這些疾病的醫療知識或訓練而受苦。SACH將這些孩子帶到以色列治療，並且培訓其他國家的醫生學習能拯救性命的藥物和手術。如果我們能拯救非洲和其他開發中國家的兒童，就能消除他人心中對以色列的負面刻板印象，讓他們注意到我們的貢獻。SACH和其他類似組織也拯救了上千名巴勒斯坦兒童。[13] SACH贏得了二〇一八年度的聯合國人口獎（Population Award），讓我深感欣慰，這是聯合國第一次正式認可以色列的非政府組織。[14]

當人們瞭解到以色列的創新和製造業能為全世界帶來重大貢獻後，這也就會加倍突顯BDS運動的荒謬。但要是我們不開口，人們永遠不會知道。如前所述，我獲任駐聯大使後最早做的其中一件事情就是開啟讓各國大使參訪以色列的計畫，帶他們認識由以色列開發並與全世界分享的科技果實——能幫助他們國家的具體技術。像是滴灌系統、手機零件、無人機、救命醫療口罩、重要藥品，還有其他來自以色列的產品。想抵制以色列創新產品的人必須自行承擔後果。只要人們瞭解以色列的人民，與我們合作、接觸，瞭解我們對世界和社群的貢獻，他們就不會感覺備受威脅。

非洲有許多國家都面臨乾淨水源難尋的問題。有一次，我在一個備受尊敬的猶太家族的家中舉辦晚宴接待非洲各國大使，並請來了以色列的水源、淨水和輸水專家。這些科學家和發明家提出許多價格實惠又有效的解決方案，讓非洲大使們又驚又喜。他們在晚宴結束後又多待了幾個小時，繼續與我帶來的工程師等人討論這些技術。對這些大使而言，這場晚宴上分享的資訊有如醍醐灌頂。他們過去聽說的都是，以色列是全世界問題的來源，而非提供解方的國家。這次活動非常有力地證明了以色列有能力協助解決世界上的艱鉅挑戰。

對於每天面臨水源和糧食短缺的國家而言，尋找解方是他們的第一要務，而我們有能力幫助他們。中東問題雖然重要，但這些開發中國家的大使更在乎解決自己國家和人民的問題。中東問題並非由他們造成，而且遠在幾千英里之外，不是他們的優先考量。他們知道自己插手毫無意義。以色列可以提供他們一臂之力，但我們必須對此保持審慎態度。我們畢竟只是個小國，非洲可是居住著眾多民族的廣袤大陸。雖然我們無法幫他們解決所有問題，但我們能發想好點子和可應用的技術，協助解決某些問題。

以色列過去曾發生多次重大恐怖攻擊，因此發展出應對重大災害和執行搜救任務的專業知識。現在，我們不僅能提供訓練，還能在世界各地發生自然災害時派救災人員到現場幫忙。我們能快速動員提供緊急支援，曾到海地、尼泊爾等許多地方救援。我們只需要幾個小時就能搭好野外醫院，讓醫生和護理師在災害現場工作。二〇一七年九月，墨西哥發生嚴重地震，我們就派人前去協助。事發當週適逢聯合國大會高級別會議週（high-level week），[15]我必須接待到聯合國進行年度拜訪的納坦雅胡總理。我們得知地震的消息後試圖聯絡墨西哥當局，但所有線路都故障了，我們根本聯絡不到人。

我和墨西哥駐聯大使胡安・荷西・高梅茲・卡馬喬（Juan Jose Gomez Camacho, 1964-）關係良好。那時納坦雅胡總理正準備在猶太新年假期前返回以色列，他批准我聯絡卡馬喬大使表達我方協助搜救任務的意願。卡馬喬大使和我談過後欣然接受我方的援助。他建議讓墨西哥外交部長路易斯・比德加賴・卡索（Luis Videgaray Caso, 1968-）與納坦雅胡總理聯繫。我表示會儘快敲定我方援助的細節。

當時，我與總理由二十輛車和特種警察部隊組成的護衛車隊同行，正要前往甘迺迪機場。我就坐在總理座車後方的車上。在總理登機前，我們通常必須進行在飛機前彼此問候的簡單儀式。抵達機場後，我請總理留在車上跟墨西哥外交部長通話。納坦雅胡總理照做，並承諾提供協助。通話結束後，我聯絡墨西哥大使確認所有細節。總理的飛機起飛後，他的指令便已傳達至耶路撒冷：我們要派搜救隊到墨西哥城，並在當地架設野外醫院。

搜救隊在接獲命令後的數小時內就搭機飛往墨西哥城。能有這麼快的動員速度，是因為我們隨時在機棚準備好野外醫院的設備。搜救隊由醫療團隊組成，成員會在家裡備好醫療「隨身包」（go bags），隨時都能帶著出發。一旦收到有人需要援助的訊息，他們能在很短的時間內作好準備前往機場。每逢災難發生，這些後備人員願意拋下手邊的一切，前往需要他們的地方。他們就是在這種狀況下前往墨西哥城。我們沒有耽擱任何時間，成為第一支抵達現場的搜救隊，發揮搜救專業協尋生還者。任務完成後，墨西哥城的居民在街上為他們歡呼表示感謝。[16]那一刻令人動容。當然了，以色列搜救隊的規模遠比不上美國的災害應對團隊，但我們的反應速度夠快，能在重要救兵抵達前立刻提供援助。

儘管我們已經多次說服聯合國和受我國敵人影響的國家接受以色列的幫助，我們依然尚未取得他們百分之百的信任。挑戰永遠都在，我們隨時會面對政治壓力。在聯合國推廣以色列產品永遠都會是件苦差事。

因此，我在紐約籌辦了一場特別研討會，目的是提升以色列公司與聯合國之間的商業往來。我們聚焦在深化聯合國和以色列的私部門之間既有的合作關係，並建立新的商業合作。活動為期兩天，來自安全、網路、資訊通訊科技（information communication technology, ICT）、環境、水資源和環境衛生產業的公司與各式各樣的聯合國部門與組織會面，這些部門和組織每年向各國購買價值高達一百七十億美元的產品和服務。我們成功展現了以色列產品的優勢，也讓以色列企業與聯合國建立起合作關係。

我們必須保持主動積極的態度，才能進一步說服各國。我獲選擔任二〇二〇年初聯合國科學與科技創新論壇（Science and Technology Innovation Forum, STI）的主席。該論壇由兩位大使擔任主席，另一位是我的好友——迦納大使瑪莎・波比（Martha Ama Akyaa Pobee），她曾參與拜訪以色列的使團，而且總是很樂意與我們合作。我很期待跟她一起擔任論壇主席。以色列擁有許多知識，和開發中國家大使一同主持論壇將能帶來許多良機。

不久後，我們就開始規劃這場為期兩天的科技盛會。我們希望把重點放在已開發國家和開發中國家的連結。我們的目的是介紹已開發國家有什麼新的進步科技能幫助開發中國家。當時，挪威駐聯大使莫娜・祖爾（Mona Juul, 1959-）擔任聯合國經濟及社會理事會主席，她打電話給我，要求緊急會面。她表示自己非常重視以色列，但我獲選論壇主席一事讓她承受來自伊斯蘭國家組織（OIC）的龐大壓力。

OIC知道此時的我在聯合國很有影響力。這是我擔任駐聯大使的第五年，我當時已建立起使命必達、永不退縮的名聲。我們的對手很清楚，我會確保活動產出有意義的成果，並吸引正面的關注。活動將展示的許多技術都是以色列專業知識與創新的結晶，這是OIC和其支持者無法反駁的，所以他們才會抵制。反對我擔任論壇主席的人擔心以色列會獲得許多的正面聲量。我作出反擊：當時我當選法律委員會主席，大家都欣然接受，世界也沒有因此毀滅。再說，以色列在這場活動中向開發中國家提供了協助，而這活動若是因為可能獲得媒體正面報導而被反對，未免也太荒謬了。

祖爾真正顧慮的是挪威將在幾個月後競選安理會理事國。他們的競爭對手是愛爾蘭和加拿大。席次只有兩個，所以祖爾擔心讓我擔任活動主席會激怒阿拉伯國家聯盟，導致挪威在激烈的選戰中損失選票。我告訴她，她不應該屈服於他人的恐嚇與威脅。我還告訴她，阿拉伯國家聯盟也用相同的伎倆對付加拿大大使，威脅不把票投給他。他們很明顯在說謊，因為這是場三選二的選戰，不可能同時威脅挪威和加拿大。

他們只是在虛張聲勢。是時候拆穿他們的謊言了。我們說好將繼續進行討論。

這次對話後不久，瑪莎的丈夫意外去世了，於是她立刻返回迦納。不久後，我接到祖爾大使的來電。她在電話中告訴我，瑪莎決定不繼續擔任論壇主席，因此，我們兩人的提名將一併遭到取消。

挪威大使想把瑪莎的不幸當成取消我們提名的藉口，藉此解決自己的僵局。我告訴她我會調查提名被取消的原因，並親自和瑪莎談談。瑪莎不幸喪夫，我向她表深切哀悼，然後才提起論壇的事。瑪莎告訴我，她並非自願退出，也從來不打算退出。我向她保證，我會扛起大部分必要的準備工作，讓她可以在迦納多留一段時間。等她回到聯合國，我們就能一起主持論壇。她聽到我這麼說十分高興，於是我們繼續進行準備工作。我很期待跟瑪莎一同主持論壇。當時我心想，現在沒有人能阻止我們主持活動了。

我的團隊和迦納使團的代理大使合作，開始準備研討會內容。我們排定了小組專題討論的時程，對結果非常滿意。行程表出爐後，我們彙整來賓名單並準備邀請函。這時是二〇二〇年初，祖爾大使又找到另一個理由來阻止這場活動，這次的理由還算合理，那就是新冠肺炎。但我們依然沒有放棄，我們要求將這場活動改成在線上舉行，一如聯合國的其他大型活動。她沒有答應，但我們還是克服了這個難關。瑪莎和我決意要把活動辦好。我們和日本與墨西哥聯手要求以線上形式繼續舉行活動。走到這一步，祖爾也無法阻止我們了。一切都已準備就緒，所有來賓都很期待在線上出席、參與活動。

最終，我們的活動大獲成功，出席人數眾多，也獲得大量關注。這在全球疫情肆虐的當下格外有意義。我們展現了國與國之間的情誼，並深入說明科技先進的國家能怎麼幫助發展中國家，尤其是在危急存亡之秋。

在開幕致詞中，我特地感謝祖爾大使的「所有」幫助，讓活動得以順利舉行並大獲成功。她根本不希望我在致詞中提到她，但我怎能放棄大好機會，不讓大家知道她在這場活動中扮演多麼「關鍵」角色呢？

瑪莎在這次的活動中展現了對我國的忠誠和友誼。當她獲選聯合國非洲區助理祕書長時，我欣然向她道賀。

儘管我們必須不斷地爭取才有發言權，我們仍要在各個層級繼續努力，與全世界分享我們的資產。科技發展不會停止，以色列也一樣，我們不會停止推動創新。我認為以色列有能力分享更多知識、幫助更多人，也應該這麼做。只要人們瞭解我們能提供哪些貢獻，他們就會瞭解，一直敵視培養世界級科學家、研究員和創新人才的國家是多麼愚蠢的行為。有越多人重視以色列的技術和人才，以色列就會越強大、越安全。

第九章　跑馬拉松

我們必須致力於解決棘手的問題，不能遇挫折便束手就範。

反猶太主義近年在全球捲土重來，侵蝕了各地猶太族群[1]的安全感。許多國家都出現針對猶太人、猶太團體、[2][3]猶太會堂、[4][5]社區和企業[6]的暴力攻擊。

很不幸的是，這並非新鮮事。威爾遜中心（Woodrow Wilson Center）資深學者、美國大屠殺遇難者紀念館（United States Holocaust Memorial Museum）前館長華特・萊克（Walter Reich, 1943-）認為反猶太主義是全世界最古老的偏見，已經存在兩千年之久。[7]這讓我們不禁思索：有什麼辦法能削弱並對抗反猶太主義？

我們活在某些人口中的「覺醒年代」（age of wokeness），比起過去，現今社會對有關族群和種族的偏見更為敏感，也更有意識。這是很大的進步，但是，雖然某些類型的仇恨犯罪會登上頭條新聞（包括針對其他少數族群的暴力事件），而且新冠肺炎讓亞裔族群近來深受仇恨犯罪之苦，針對猶太人的犯罪依舊在所有仇恨犯罪中占最大宗。這並非我們樂見的情形。根據ＦＢＩ的報告，反猶太主義依然是在美國最常見的仇恨犯罪。ＦＢＩ的數據顯示，猶太人民和猶太機構最常成為犯罪者的目標，占所有宗教類仇恨犯罪事件的百分之五十八。在美國，反猶太主義成長了八成之多。英國的反猶太事件則是暴增了百分之五百七十。

新冠肺炎疫情爆發前，穆斯林是仇恨犯罪的第二大目標（百分之十八點六），但穆斯林遭受的攻擊事件不到猶太人的三分之一。二〇二〇年，美國針對亞裔民眾的仇恨犯罪激增，使亞裔族群躍升為第二大目標，但亞裔遭受的攻擊事件依然遠少於猶太人。[8]ＦＢＩ保存了一九九六年以來的仇恨犯罪紀錄，其中顯示針對黑人的仇恨犯罪減少了三分之一以上，但根據人口比例衡量的反猶太犯罪數量卻沒有減少，甚至沒什麼變化。[9]在其他許多國家，尤其是歐洲，針對猶太人攻擊事件反而增加了。[10]

這些數據令人難以置信，數以百計的無辜猶太人受到暴力攻擊，只因為他們是猶太人。這波反猶太浪潮中，猶太人不只面對言語上的攻擊，而且他們的身體和財產都遭受駭人的攻擊。反猶太主義經常發源於幾乎沒有猶太族群的國家。這些地方的人民在日常生活中幾乎看不到我們，自然容易遭到煽動而仇視猶太人。他們很容易把猶太人當成代罪羔羊，將我們視為世上一切邪惡的來源。這種仇恨完全沒道理，卻是許多人的生活方式。

反猶太主義日益盛行，所有人都應該感到恐懼和擔憂，而且很不幸，不管是政治光譜上的哪一端都有反猶太情緒的存在，[11]表示這並非只是種族歧視和偏見中特別極端的案例。人們不斷翻出有關猶太人的陳舊觀念，反覆加以強化、傳播。[12]若我們「接受」對猶太人的仇恨，對之視若無睹，仇恨將轉化成其他形式，或蔓延到其他族群和種族。要是我們放任仇恨惡化而不制止，人們就會開始相信謊言，誤以為自己的所作所為很正當。到時，世界將會陷入混亂和暴力的漩渦，所有人都會身陷危險，不只是猶太人。

必須堅定不移地迎接挑戰

對抗反猶太主義很困難，因為我們無法預測敵人的行動。這類行為背後並無理性，讓我們無從預期何時會發生，或會因為什麼原因觸發。因為仇恨是在聯合國等國際組織滋生，不一定是在我們的阿拉伯鄰國，所以，為了維持猶太族群的安全，持續勇敢對抗這種仇恨是我們不可懈怠的責任。在聯合國，我經常必須指出他人的反猶太行徑，並要求他們為自己的言行負責。

對抗所有反猶太行徑是我的任務，也可以說是我的使命。以色列和其他國家需要對抗仇恨的明確策略、教育方針和社會倡議，包括公開指責仇恨言行、立法懲罰仇恨犯罪者。如前所述，當皇后博物館的館長想要取消我方的紀念歷史活動，我毫不遲疑地與她對峙。我希望我獲勝的結果能激勵他人挺身對抗惡霸，指出我們遭受的不公不義。

在聯合國，我曾多次必須公開譴責他人的仇恨言行。拉斐爾・拉米瑞茲（Rafael Darío Ramírez Carreño, 1963-）從二〇一四年十二月起擔任委內瑞拉駐聯大使，直到二〇一七年十一月二十八日遭到撤職。他是一個資深官僚，不習慣三思而後言，也不習慣因為自己在聯合國的公開發言遭到指責。二〇一六年五月[13]，他在安理會的會議中將以色列國防軍比擬為納粹。「以色列打算對巴勒斯坦人做什麼？讓他們消失嗎？難道以色列想實施最終解決方案（final solution）？猶太人忘了自己曾是最終解決方案的目標嗎？」拉米瑞茲指的是納粹為消滅猶太民族實行的最終解決方案，納粹大屠殺期間，最終解決方案得到了部分成效。委瑞內拉大使這番話簡直無法無天，而且他說這番話的時間點，剛好是以色列每年追思在納粹大屠殺中遇害的六百萬名猶太人的年度大屠殺紀念日隔天。

他的發言令人無法接受。我大可以保持沉默，但我決定要清楚告訴聯合國，有些針對以色列的發言我們可以忍受，有些我們絕對不容忍。這是值得一搏的賭注。我的人格不允許我對拉米瑞茲大使煽動性的發言坐視不管。我們必須反駁所有反猶太言論，特別是在聯合國這個自詡能讓國與國進行有尊嚴對話的體面場合。我從零開始慢慢增強火力，先是打電話給其他大使，詢問他們是否願意要求拉米瑞茲大使公開道歉。在我的努力之下，拉米瑞茲開始接到其他大使要求他道歉的電話。

接下來的週五晚上，我的手機接到一通電話。身為大使，我每天晚上都必須參加很多活動，但我盡力將週五晚上空下來和親友一起吃安息日晚餐。我在這幾個小時可以遠離電話和電子郵件。安息日是屬於家庭的時間，也是很重要的猶太傳統，我們一起祈禱、吃晚餐、聊聊這週發生的事情，並享受彼此的陪伴。我規定吃安息日晚餐時不能使用手機——對於家中的青少年來說，這不是件容易的事情。但那天晚上，我打破了自己的規定，將手機放在另一個房間而不關機。晚餐時電話響了起來，來電顯示是陌生號碼。我的直覺告訴我得接這通電話。來電的人是拉米瑞茲大使。一開始，他說他不常跟以色列人對話，這次會破例是因為他想為在安理會上的發言道歉。

「謝謝你打破自己的原則打電話給我，」我說：「但是如果你想道歉，就得在當初發言的場合道歉。你要道歉的對象不是我，而是所有猶太人民。你的那番話是針對我們民族的言語攻擊。」除非他在當時作出荒誕指控的同一個會議廳，在全世界面前向我們道歉，否則我不會接受。「唯有如此才能表達你的歉意。」我補充道。他說他會考慮。

通話結束後，我立刻聯絡協助說服拉米瑞茲道歉的大使，請他們繼續施壓，要他公開發表聲明。幾天過去了，各界對拉米瑞茲的言論議論紛紛。我們繼續施壓，要求他公開道歉。二〇一六年五月十二日，拉米瑞茲大使再次於安理會公開發言時，先是以道歉開場。[14]他也會見了聯合國祕書長潘基文的辦公室主任（Chef de Cabinet）艾德蒙・穆雷（Edmond Mulet, 1951-），並且告訴穆雷他對自己前一次的發言感到後悔。他和巴勒斯坦領導層的關係很緊密，我相信公開發表這些聲明對他來說一定很困難，甚至很痛苦。對我來說，這次經驗證明了，即便面對公然的敵意和傲慢的抵制，只要我們與道德良好的盟友一起果斷反抗，依然有辦法向目標邁進。

ＢＤＳ運動的真相

如前所述，各大學校園裡風行的ＢＤＳ運動其實也是反猶太主義棘手的根源，無論其支持者公開的說法如何。我們必須讓民眾——特別是容易受影響的大學生——瞭解ＢＤＳ運動的真面目。教育和倡議是削弱ＢＤＳ運動對校園影響力的重要手段。

年輕人面對同儕壓力，以及年長、有權有勢、擁有終身職而無須擔心行事後果的教授，很難挺身對抗極端分子和ＢＤＳ運動人士的霸凌。年輕人很難理解ＢＤＳ運動是錯的，因為得到大學和其他公共組織內部極端派系的支持，讓ＢＤＳ人士膽子大了起來。有些學生經常公開敵視、攻擊猶太學生。[15]

早在ＢＤＳ這個名稱出現前，我就已經在對抗它了，那是我於一九九〇年代初期擔任猶太事務局特使的時候。我在退伍後先到南美洲遊歷，然後才到佛羅里達州南部擔任猶太事務局在各大學的代表。當時沒有社群媒體，更沒有智慧型手機，因此，要為以色列爭取支持，只能勤走基層，與當地學生面對面互動。當時的反以色列運動不叫ＢＤＳ，也不像今天有專業人士在幕後組織，但當時確實有反以色列運動的存在。

我記得我會在校園裡擺一張折疊桌，在背後掛上以色列國旗，然後發放有關以色列的教育文宣。我當時遭受非常狠毒的攻擊，讓我至今依然記憶猶新；除了學生，就連某些終身教授也會對我們大喊不堪入耳的侮辱和威脅。校園中的親以色列運動人士經常形單影隻，處境很難熬。

有一天，校園裡跟我比較要好的幾名學生打電話給我。他們說伊斯蘭民族（Nation of Islam）[16]的路易斯・法拉堪（Louis Farrakhan, 1933-）要到他們學校舉行集會和演講。法拉堪是一名反猶太狂熱分子，把美國的奴隸貿易、農場蓄奴制度、《吉姆・克勞法》（*Jim Crow laws*），以及非裔美國人受到的種種迫害全都歸咎於猶太人。[17]他刻意忽略猶太社群對民權運動的貢獻，[18]常指控猶太人操控美國政府並玩弄國際勢力於股掌之間。[19]我和其他學生一起組織了一場大型集會抗議法拉堪的拜訪。結果大獲成功，我們比他吸引了更多學生。媒體主要的風向是抗議他演講的學生比去聽他演講的學生多。我說這些是為了證明，這個議題已經內化為我的ＤＮＡ，不管到哪裡，我隨時都會作好對抗反猶太人士或ＢＤＳ運動者的準備。

在我任職聯合國期間，我絕不會錯過任何進入大學校園的機會。我每次接受在大學演講的邀約，我的護衛人員都面臨挑戰。他們常要我穿防彈背心，但我每次都拒絕。二〇一七年，我在紐約哥倫比亞大學（Columbia University）出席一場備受矚目的活動，我們行前收到不少威脅，但我並未因此而卻步。事實上，我的意志反而因為這些威脅更加堅定。到了演說那天，我告訴護衛人員，因為我們收到的抗議和威脅（甚至有人威脅要在校園動用暴力），我們不能走後門，反而更應該驕傲地從大門進入校園。我們也不會允許任何人在我演說時搗亂。

會議廳外有許多抗議人士，支持或反對以色列的都有。會議廳內也有一大群打算挑釁和造成混亂的學生。我知道我有能力對付他們，我絕不向惡霸磕頭。我一開始發表演說，這些抗議人士就大聲呼喊口號。我拿他們開了個玩笑，然後繼續說我自己的。我心中沒有恐懼。我百分之百信任我的護衛人員，而且我知道當天負責我人身安全的是慕尼爾（Munir）。慕尼爾來自以色列北部的信奉德魯茲教派（Druze）[20]的一個村莊，他總是盡全力保護我的安全。他身材高大魁梧，任何想鬧事的大學生都過不了他那關。最後，活動圓滿結束，沒再發生任何插曲。

我希望能在聯合國鼓勵學生站出來對抗校園中的ＢＤＳ運動。因此，我曾在聯合國大會的會議廳舉辦過一場盛大的反ＢＤＳ活動。這場活動有幾個目標：讓學生能夠充滿自信地回到學校、讓他們知道自己不必孤軍奮戰，有很多人會一同反抗ＢＤＳ運動，並讓國際社會注意到ＢＤＳ運動的存在。許多大使不瞭解ＢＤＳ運動，也不知道他們有何企圖。我希望讓他們看清ＢＤＳ運動危險和醜陋的真面目。

有件事必須說清楚：ＢＤＳ運動極度邪惡。他們聲稱自己反對的是以色列政府的政策，而非猶太人民或以色列國民，但事實上，有許多ＢＤＳ領袖和支持者確實希望能消滅以色列。巴勒斯坦裔美國記者阿邁・摩爾（Ahmed Moor, 1985-）就曾經公開發言：「若不推翻以色列這個國家，終結占領毫無意義。」ＢＤＳ運動人士希望能終結猶太國家。[21]激進運動人士約翰・史普里茲勒（John Spritzler）對於ＢＤＳ運動的真實目標毫不掩飾，他曾寫道：「我覺得要是能直截了當地說明以色列無權存在的原因，ＢＤＳ運動將能獲得更大的動力。」[22]跟他一樣的激進人士並不少。

最後，我希望藉由這場活動呼籲猶太社群和猶太領袖積極採取行動，將ＢＤＳ運動視為不可忽視的重大威脅。

通常，聯合國是反對以色列，而非支持以色列的平台，因此，籌辦這場活動的過程非常有趣。我事先預約二〇一七年五月二十九日聯合國大會會議廳一整天的使用權。我事前研究了聯合國的所有規程（procedure），連與舉辦活動相關的各種規定上的小字也沒漏掉。因此，我瞭解到任何國家都有權預約聯合國大會會議廳舉行活動

——以色列也不例外。唯一的要求是主辦國必須支付活動和維安費用，當然，我們非常樂意遵守。

在我們告知聯合國當局該活動是特地為了反ＢＤＳ所舉辦後，他們便通知我們活動必須延期（push back），而且會議廳在原本選定的日期也因為不明原因變成「無法預約」（unavailable）。於是我們將申請書上的活動標題改成「搭建橋梁與對抗仇恨」（Building Bridges and Confronting Hate）。我們正式的活動申請書上對反ＢＤＳ隻字未提，但這就是活動的核心目標。我們正式申請書上的措辭發揮了重要作用，讓聯合國無法拒絕我們的申請。

最後，我們的活動定名為「反ＢＤＳ大使」（Ambassadors Against BDS）。這個名稱的意涵是所有人都應該成為反ＢＤＳ大使。此時木已成舟，即使我們改了活動名稱，聯合國也沒辦法取消了。

我打電話邀請許多猶太領袖參與活動，其中一個人告訴我，舉行這場活動是不智之舉。他擔心巴勒斯坦人也會有樣學樣，在聯合國大會舉行一場支持ＢＤＳ的活動。我回答他，同樣的事情他們每個禮拜、每天都在做，而且還不必花錢，根本沒必要另外破費租會議廳，所以我們沒有必要擔心。結果證明我說的是對的。

我們邀請美國、加拿大上千名學生和猶太領袖，以及各種機構的專家，一同討論BDS運動的謬誤和傷害。活動令人印象深刻，也是聯合國史上頭一遭。三千名與會者（其中兩千名是學生）都別著胸針，上頭寫著「阻止BDS運動」。很多人舉著以色列國旗。我們在聯合國大會會議廳裡唱起以色列國歌〈希望〉（Hatikvah）。那一刻非常令人震撼，我相信所有與會來賓和在場的觀禮者都會永生難忘。這是聯合國成立以來，首次有人在會議廳內舉行鼓勵猶太青年的活動。

那天有許多知名貴賓致詞，包括妮基・海莉大使；以色列政治人物、人權運動者、作家，曾經申請移民以色列卻遭蘇聯否決的納坦・夏蘭斯基（Natan Sharansky, 1948-），以及世界猶太人大會（World Jewish Congress）主席羅納德・蘭戴（Ronald Lauder, 1944-）等人。我們確保不讓外界將這次活動解讀為特定黨派的聚會。我們必須盡可能讓猶太領袖團結在一起，人數越多越好。我們邀請來自左右兩派的來賓和講者，展現所有人團結一心，對抗BDS運動。主要的演講活動結束後，我們還舉辦了很多場會議和專題討論。

有些大使在活動結束後告訴我，他們全程參與這場活動，學到有關BDS運動和反猶太主義的新知。這讓我很高興，也很意外。他們過去對這個議題一無所知完全出乎我的意料，但我還是很感恩他們學到關於此問題的新知。

我們達成了舉辦活動的目標，也就是鼓舞世界各地（不只是美國）的學生，給他們對抗ＢＤＳ運動所需的資訊和工具。我們在活動發送反ＢＤＳ工具組讓他們帶回家，裡面包含一面以色列國旗，還有一些資訊傳單，讓他們可以拷貝並張貼在宿舍、學校布告欄，或是擺放在學校四處的桌上。某些素材提供了在校園中對抗ＢＤＳ運動和反猶太主義的建議及策略，讓學生知道可以找誰求助、有哪些法律資源和援助制度。更重要的是，我們藉由在聯合國大會舉行這次活動傳達了清楚明確的訊息：我們絕不會默不作聲。以色列是個堅強的國家，有能力克服敵人的挑釁。我們有辦法獲得勝利，但前提是以色列和全世界的猶太社群必須團結一心，克服政治立場上的差異，才可以強大起來、發揮影響力。

舉辦這場活動很不容易，不只是因為聯合國有許多以色列的反對者，某些知名的猶太組織及領袖也覺得活動會造成反彈。而我認為在ＢＤＳ運動問題上保持緘默就是在助紂為虐。我們不應該害怕反彈而毫無作為。反對這場活動的人覺得抗議反而會讓ＢＤＳ運動得到更多關注，壯大對方的聲勢。但我覺得ＢＤＳ運動早已吸引了外界的關注，而且影響力日漸增加。假裝問題不存在，問題不會自己解決，反而會越來越嚴重。

恐懼和沉默無法幫助我們達成目標。我們必須把議題攤在陽光下，好好討論它們真正的意義。學生很可能在參加我們活動的當下，或事後得知我們活動的時候，才發現自己並不孤單，而這給予了他們力量和希望。到了今天，我們算是已經達成共識。大家都知道ＢＤＳ運動是個必須對抗的麻煩。現在，所有主要的猶太組織都設有反ＢＤＳ部門，對抗ＢＤＳ運動已經成為他們的首要工作之一。

美國也正在通過法律禁止推行ＢＤＳ運動，這類法律大部分都以「抵制抵制者」為概念基礎。舉例來說，佛羅里達州政府不得與實行ＢＤＳ的企業有業務往來。這是正確的作法。截至本書撰寫的當下，包括阿拉巴馬州、加州、佛羅里達州、緬因州、紐約州在內的三十五州都已採用法律或政策，禁止企業、組織或個人從事或呼籲抵制以色列（無論其情節重大與否），或針對從事此行為者進行裁罰。[23]其中至少有十七個州的法律或政策規定，那些拒絕在以色列或與以色列做生意的企業名字都要公諸於世。

二〇一九年一月，美國參議院通過法案[24]為各州的反抵制行為法律背書，其中包括納入猶大－撒馬利亞區社區商業活動的法律。二〇一九年三月，美國國會議員在參[25]眾兩院提起決議，譴責針對以色列的抵制行為。截至本書撰寫的當下，這些提案尚未正式成為美國法律。此外，針對支持ＢＤＳ運動的學院和大學，美國也對其聯邦經費進行相關立法，[26]只是截至本書撰寫的當下，這些提案都尚未通過。

ＢＤＳ運動至今依然存在，也不會馬上消失，不過有越來越多人公開站出來表達反對，校園裡的學生也擁有較多資源與之對抗。但是ＢＤＳ運動的影響不會一夕消失。我們必須持續發聲，對抗這股仇恨之聲。這是一個漸進的過程，不存在立竿見影的解決辦法。我總是告訴學生，歷史上所有偉大的勝利和成功的計畫都是靠堅持達成的。反猶太主義就像慢性病，無法用外科手術根治，只能持續不斷地追蹤與治療。我還將其比作園藝：要讓花園保持美觀，就得定期除草、修剪，維持植物的樣態和健康。對抗ＢＤＳ運動和反猶太主義也是如此。要是一時疏忽，或是過於安逸，雜草可能就會蔓生到無法整理的程度。到時可能就為時已晚了。

仇恨的平等

二〇一九年三月，紐西蘭發生清真寺大屠殺，[27]兇手以兩座清真寺為目標，殺害了二十九個人。事發過後，土耳其總統艾爾多安指示駐聯大使賽林敦・辛尼洛古

（Selidun Siniloglu, 1956-）在聯合國大會提出譴責伊斯蘭恐懼症（Islamophobia）的決議。艾爾多安長期以來一直想被視為伊斯蘭世界的領袖。他認為這個提案能幫他在伊斯蘭世界取得權位。為了爭取領袖大位，他經常針對與穆斯林有關的國際議題發表演說，並在聯合國提出能為他帶來曝光的決議。土耳其寄給所有會員國的決議草案對反猶太主義隻字未提，甚至連一個註腳也沒有。我讀完該草案後告訴幕僚們，這種決議內容完全無法讓人接受，我們不能讓它就這樣通過。決議中應該包含對反猶太主義的譴責。

幕僚們對我能否成功更動決議內容充滿懷疑，由於這是相當敏感的議題，而且駭人的清真寺攻擊事件甫發生不久，各界自然是義憤填膺。我告訴他們，我不管成功的機率有多渺茫，這仗我們非打不可。我知道，只要決議遭到任何反對或批評，或是沒有全票通過，艾爾多安的面子就會掛不住。我聯絡聯合國內部的盟友，催促他們修訂決議，納入對反猶太主義的譴責。這麼做能向艾爾多安施壓，他有兩個選擇：冒著無法得到全票同意的風險提出原始決議，或是同意我方提出的修訂（很可能得到全票同意）。

後來，艾爾多安開始親自參與討論。他不願意更改決議內容。這件事就像我和他之間的撲克牌局。我找了更多的歐盟國家討論此事。越多人瞭解我的立場，支持我的人就會越多。這並不容易，因為清真寺攻擊事件剛發生不久，很多國家不想在如此敏感的議題上唱反調。某些歐盟官員試圖說服我放棄。他們提議擬定另一項譴責反猶太主義的決議，過一陣子再提案。我已經看過太多類似的情況，自然很清楚他們只是在開空頭支票。他們當中某名歐盟官員保證歐盟會投票支持我，但他也沒辦法保證聯合國大會其他成員國一定會支持。於是我拒絕了他們的提議。

我轉而找上美國、加拿大等其他以色列的強大友邦，試圖說服他們土耳其的決議不恰當。但我同樣面臨到考驗：兩名與我友好的大使表示，雖然他們認同我的看法，但是因為當前時機並不理想，或許我不應該堅守立場。「也許我們不該阻擋這項決議，」他們說：「要是對方提案了，我們不應該投下反對票，譴責伊斯蘭恐懼症並不是什麼壞事。」

這一次，我甚至得跟盟友勾心鬥角。我告訴支持我的大使們，即便他們最後退縮、把我拋下，我還是會在大會中投下反對票。他們知道我有這個能耐。我小心翼翼不讓任何人看清我手中的底牌。沒有人知道，其實耶路撒冷給我的指令是不要在表決中反對土耳其的決議。這個指令只有我一個人知道。這些大使們把我的想法告訴歐盟大使和聯合國的其他重要角色。話很快就傳到艾爾多安的耳裡。我的策略奏效了。最後艾爾多安同意在決議中納入對反猶太主義的譴責。這件事證明了，只要堅守自己的原則並接受失敗的可能性，就有辦法贏得具有重大意義的勝利。

二〇一九年六月，世界各地掀起一連串的反猶太事件，包括先前提到發生在聖地牙哥波威的哈巴德猶太會堂槍擊案，事情發生在逾越節的最後一天——猶太曆法中數一數二的神聖日子。[28]我旋即在聯合國大會發起特別會議，探討如何對抗反猶太主義。有些成員國希望放大這次活動的焦點，納入對伊斯蘭恐懼症和仇外情緒的探討，但我不同意。我先前說過，只要看看仇恨犯罪的實際數據，就會發現新聞報導描繪的並不全然是現實。

針對猶太人的仇恨犯罪是全世界數量最多的仇恨犯罪。我為了要以原本的形式舉行這場討論會，所以必須在聯合國中說服許多人。我一如往常地遭到某些歐洲國家的反對。我們與歐洲盟友的關係非常堅固，但某些歐盟國家經常找我們麻煩，只要是有利於以色列的事情，他們一律反對。歐盟是很重要的組織，因為許多規模和影響力較小的組織會跟隨歐盟的決策，在表決中作出與歐盟相同的決定。雖然我得到東歐盟友的支持，但有些西歐國家非常反對我發起這場會議。為了消除反對的聲音，我要求出席歐盟大使每週的例行會議。我有五分鐘的時間說服他們，其中有些人對以色列的態度稱不上友善。我採取非常直接的作法。

我對反對方的領導人發表演說，我表示，我們期待他們在這個議題上跟我們站在同一陣線，不應有任何但書或藉口。一名歐盟大使問我會議是否會一同探討其他類型的仇恨犯罪。我的回答是：如果會的話，我們將不會參與這場會議。他想說服我們讓步，問我為何不能針對抵抗所有仇恨犯罪進行討論，但我既不屈服也未退縮。我直視著所有大使的眼睛，說他們無權阻止我們在聯合國大會探討如何對抗反猶太主義，不只是因為過去曾經發生的事，也因為他們國內正在發生的事。我在發表結論時雙眼緊盯著愛爾蘭大使，她是這場會議的主要反對者之一。

接著，我被要求離席，讓歐盟大使進行討論和表決。結果我獲得多數的支持，歐盟決定支持我發起特別會議，且不必將討論範圍擴及反猶太主義之外。總共有超過九十個國家參與這場會議，包括敘利亞、埃及、摩洛哥、土耳其和伊朗。此外，猶太組織和親以色列組織也派代表參加，歐盟執委會的對抗反猶太主義協調員（the EU Commission Coordinator for combating antisemitism）凱瑟琳・馮・施努拜因（Katharina von Schnurbein, 1973）也出席了。最有說服力的與會者可能是反猶太主義仇恨犯罪的受害者，像是在波威槍擊案中受傷的，名為伊斯羅爾・葛斯汀的拉比（Rabbi Yisroel Goldstein），與他一同出席的還有罹難者洛芮・吉爾伯特・凱伊（Lori Gilbert Kaye, 1958-2019）的女兒和姊妹。

這場會議給所有與會者留下深刻印象，包括祕書長、聯合國官員和許多大使。聯合國鮮少（或許從未）舉辦類似的會議，探討反猶太主義與針對猶太人的仇恨犯罪。那一刻我深感自豪，因為我的努力，葛斯汀拉比等人才有辦法在聯合國談論猶太人堅韌的民族性。

或許是因為這場會議的關係，聯合國在二〇一九年十月[29]首度發布了一份專門探討反猶太主義的重要且詳盡的報告。[30]值得注意的是，聯合國還通過了反猶太主義的定義，並將反猶太復國主義納入其中。這份報告由聯合國宗教自由特別報告員（UN special rapporteur on freedom of religion）艾麥・沙西德（Ahmed Shaheed, 1964-）提交到大會。

為和平和力量而團結

反猶太主義不會憑空消失。如本書內容所述，直言不諱的態度、教育、倡議、社會運動和立法非常重要。但在危機時刻，我們必須擱置一時的政治分歧，團結起來。以色列和全世界的猶太人對彼此負有責任。猶太人與以色列之間的連結讓我們更堅強，但我們的敵人也懂得利用這個連結。伊朗的最高領袖阿里・哈米尼（Ali Khamenei, 1939-）不僅處處與以色列作對，也厭惡猶太人。他曾以「狗」、「非人類」等侮辱性的詞語形容猶太人。這種行為叫作「他者化」（othering），[31]而且他不是唯一這麼做的人。在敘利亞，甚至是與以色列簽訂和平協議的埃及，仍有許多人從事反猶太行為，並否認納粹大屠殺曾經發生。

以色列公民有義務想方設法，讓全世界的猶太人更加團結。我們不該只是給予援助，或只幫忙剛來到以色列的猶太人，還必須與全世界的猶太社群肩並肩站在一起。我們尚未百分之百達成這個目標，還得繼續努力。我們在推動公共政策和進行國際談話時，都應該以此為圭臬。全國必須上下一心，加強力道在全球各地打擊反猶太主義。

我們也必須持續在各國推動立法，懲處仇恨犯罪者，德國和奧地利所作的努力可以作為典範。我們必須呼籲各國制定法律來明文禁止反猶太行為，而且我們在面對不理性的暴力行為時要展現集體力量。以色列必須要求各國保護其猶太裔公民，並在發現任何反猶太行徑時果斷、快速地回應。我們的要求必須堅定，讓任何地方的人隨時都能聽到。

和平的進程

就算是面對拒絕談判的國家，以色列依然必須持續積極參與和平進程。任何協商都必須建立在同樣的基礎上：承認以色列是獨立國家。我們以色列人經常覺得這些辯論其實根本與實際議題無關，以色列是否有權存在這塊土地上才是真正的癥結點。可靠的解決方案必須考量到以下事實：眼前以色列、巴勒斯坦自治政府和整個中東的情勢，已經和一九九〇年代和平進程剛展開的時候天差地別。

中東在過去二十五年內陷入動盪。伊朗政權在區域內的活動規模大幅擴張，核武協議更是讓他們出乎意料之外地如虎添翼。他們每年花費七十億美元維護恐怖組織網絡，其中十億美元就花在資助真主黨在以色列北疆的活動。[32]德黑蘭對阿薩德政權的支持使得敘利亞內戰無法落幕，也讓伊朗有機會在以色列和約旦的邊境周遭駐軍。[33]

伊斯蘭國（Islamic State）興起後快速從伊拉克擴張到敘利亞，在中東造成震撼，也證明了權力真空能讓非國家組織有機會建立行動基地，藉以威脅其所在的宿主國家或周遭國家。西奈半島出現伊斯蘭國和蓋達組織的分會，便證明了此一論點。

巴勒斯坦內部也存在政治鬥爭。巴勒斯坦自治政府在二〇〇六年的血腥內戰中失去了對加薩走廊的控制權，讓國際公認的恐怖組織哈馬斯掌控該地區。如今的加薩走廊窩藏無數恐怖組織，他們每年得到來自伊朗將近一億美元的資金。[34]結果就是過去十五年來有數以千計的大炮、火箭和飛彈飛進以色列民眾的居住中心。[35]

很明顯，中東在過去二十五年內發生了不可逆的變化。此一變化的最佳證據，或許就是我們成功建立了連短短十年前都難以想像的關係。我在二〇一六年拜訪阿拉伯聯合大公國；二〇一八年十月，納坦雅胡總理到阿曼會見卡布斯・本・賽義德（Qaboos bin Said, 1940-2020）蘇丹；[36]去年夏天，巴林舉行「實現和平的繁榮（Peace to Prosperity）」研討會。[37]川普總統在白宮頒布《亞伯拉罕協議》（*Abraham Accords*）時，三國的大使都在場。

儘管中東的政治和安全情勢已與過去截然不同，有些人依然墨守成規，堅持採用一九九三年《奧斯陸協議》（*Oslo Accords*）制定的政治解決方案。[38]在今天的環境下繼續沿用一九九〇年代的方法是錯誤的，這就好像在智慧型手機的年代要求大家繼續用BB. Call。任何一個計畫若能付諸實踐，都將提供巴勒斯坦人機會來建立他們目前欠缺的體制。許多計畫提案把重點放在確保有效治理、拓展巴勒斯坦的教育與醫療體系，以及可能是最重要的——確保外國投資。[39]想像一下，若有這些機會，巴勒斯坦社會能夠取得多麼巨大的成就！

只有馬哈茂德・阿巴斯總統和巴勒斯坦自治政府才有臉拒絕眼前的所有機會。國際社會某些成員無視歷史和變動中的現狀，持續譴責以色列，並重複採取二十五年以來失敗的和平措施。這就是「瘋狂」最廣為流傳的定義——重複做一樣的事情，卻期待有不同的結果：一九九三年的《奧斯陸協議》失敗了、二〇〇〇年的《大衛營協議》（*Camp David Accords*）失敗了，艾胡德・歐麥特（Ehud Olmert, 1945-）二〇〇八年的提案也失敗了。

改變的時刻正是現在。所有人都應該接受新的中東現狀需要新的解決方法。我希望拜登政府不會走回頭路而重蹈覆轍，讓災厄降臨在以色列和巴勒斯坦人民。

伊朗核武協議，全名為「聯合全面行動計畫」（the Joint Comprehensive Plan of Action, JCPOA），也讓我很擔憂，我希望拜登政府不會重新加入協議。他們很清楚協議有缺陷，我們曾多次在公開場合（包括聯合國安理會）指出協議有哪些缺陷。允許伊朗進行特定的彈道飛彈和鈾濃縮活動、持續支持當地義勇兵，以及減少某些對伊朗限制的所謂「日落條款」（sunset clauses），這些只是該協議一部分顯而易見的缺陷。伊朗目前的局勢相較於二〇一五年已經更加惡化，如果美國決定重拾歐巴馬時代的伊朗核武協議，不作任何修訂，以色列將不得不對伊朗採取嚴厲的措施。二〇二一年的伊朗與二〇一六年的伊朗不可同日而語。很不幸，我們今天面臨的狀況比當時更加嚴峻。我們不能假裝事情依然一如既往。

為了繼續享有安全的生活，並實現長久和平，我們應該繼續在區域內和全球間尋找新伙伴，同時維持自主的地位。有些人可能會覺得這兩個目標互相矛盾。但我已在本書中證明，我們不僅有辦法在關乎我國安全的關鍵決策上保持完全獨立自主的決定權，還能同時強化現有的關係，並與更多國家和國際要角搭起新的橋梁——我們不只是辦得到，也必須要辦到。

我們生活在一個獨一無二的時代，應為自己在這個年輕、充滿活力的國家中達成的成就心存感激。我們在充滿挑戰的艱困環境中打造出非凡的社會，必須記得這一切得來不易。往後，我們會懷抱同樣的熱情和決心，持續鞏固世界上唯一的猶太民族國家。

「耶和華必賜力量給他的百姓；
耶和華必賜平安的福給他的百姓。」

——《詩篇》第二十九篇，第十一節

謝詞

二〇一二年，我在寫完第一本書《以色列：獲勝的意志》後告訴我太太泰莉，我覺得我以後不會再寫書了。但在聯合國度過充滿張力和戲劇性的五年之後，我覺得有必要分享我在那裡的經驗，並解釋這些經驗如何讓我能更具體地描繪出自己對以色列未來的願景。

我在年紀很輕的時候便踏入公職，並且開始代表我深愛的祖國出訪。十六歲的時候，我入選以色列青年代表團，到美國和加拿大進行交流。我們在那次旅程中拜訪了聯合國。我把握住機會寫明信片給母親，描述我參觀聯合國大樓的過程。後來，我有幸擔任以色列駐聯合國大使，母親找出那張老舊的明信片，還將它裱框紀念。

我永遠對我母親約基別・丹農（Yocheved Danon）充滿感謝，她的一生雖然坎坷，卻總是充滿力量，讓我充滿自信，能在任何議題上毫不畏縮、堅守自己的立場。還記得十歲那年，有次我跟學校老師因為對地下運動在以色列獨立建國前扮演的角色看法不同進行意識形態上的辯論。我陳述事實讓老師在大家面前出糗，他很不高興，於是要求跟我父母談談。但他萬萬沒想到，我母親會寫信給他，用禮貌但直接的語氣表示她支持我的看法。我永遠都忘不了他讀信時臉上的表情。我父親過世時，母親還很年輕，但是她決定不去追逐人生的第二春，而是將一輩子奉獻給自己的孩子和孫兒女。我會永遠愛你，記得你的堅強、對我的支持——你就像一頭母獅，守護著自己最年幼的孩子。

搬家總是充滿困難和挑戰，目的地跟原本的家在距離、文化上都天差地遠時更是如此。但這次搬家讓我們能在面對未知時團結起來，對整個家庭是很棒的經驗。

致我的太太泰莉，我一生的摯愛、這二十五年來最好的朋友：我知道你花了極大的心力照料我們美麗的孩子們，謝謝你總是對我看似天馬行空的點子充滿耐心。我知道，只要有你在身邊，世上沒有辦不到的事。我們住在紐約市的時候，你培養出搭建橋梁與代表以色列的能力，讓我十分驚喜。你的想法充滿創意，是我們國家最好的公關。你證明自己足以勝任以色列和猶太民族的大使。相信許多在我倆帶領下認識以色列和猶太傳統的外交官，都會珍惜你主持的安息日晚宴，以及和我們一起拜訪以色列的美好時光。願神保佑我們接下來的二十五年一樣令人振奮、心滿意足。

致我的長子阿維德・喬瑟夫：你的名字來自你傳奇性的祖父，喬瑟夫・丹農。我敢說他一定會以你為榮。你離開了在以色列的朋友，面臨搬家到紐約的種種挑戰，但依然在學校表現良好，還交到許多很棒的新朋友。無論對象是國家元首還是計程車司機，你總是能自然、誠懇地與任何人交流，這點讓我深感佩服。

抵達紐約後，我們在開學前一天帶著女兒希拉去找老師喬許（Josh）。見面時，我們才發現喬許完全不會說希伯來語！希拉當時才十一歲，只會說很簡單的英語。喬許說，他不確定自己有沒有辦法教不會說英語的人英國文學。泰莉和我聽到後笑了，我們瞭解希拉的個性，知道她一定沒問題。三個月後，希拉已經能用英文寫出令人印象深刻的文章。希拉，你的個性堅強而獨立。不管是什麼目標，只要你下定決心，都一定有辦法達成。我毫不懷疑，你為我們家帶來光芒將能照亮許多人。

致喜拉，我最小的女兒：我跟你一樣是家裡的老么，我知道當老么的難處。你證明了靜水流深這句話。在我們搬到紐約市，還有搬回以色列的時候，你都用自己獨有的方式適應新環境。喜拉，謝謝你給我的所有支持和鼓勵。

我也要特別感謝我的岳父母，夏隆（Shalom）和迪娜（Dina）：你們在孩子們的成長過程中扮演重要角色。我在以色列擔任公職忙得不可開交時，是你們伸出了援手。我們在美國時，你們還是不計距離和時差，幫我們照顧孩子們。你們多次拜訪我們，而且多虧現代科技，我們也可以遠端參與你們週五晚間的禮拜。但這跟親身參與還是不一樣，因為紐約市還是下午，而且我們只能用眼睛品嚐迪娜為安息日準備的美味佳餚。

有一次，我必須到美國西岸參加幾場活動，於是和泰莉一起尋找可以照顧孩子們三天的保母。出乎我們的意料之外，這種服務所費不貲，讓夏隆搭機從以色列過來還比較便宜。於是我們打給他，他二話不說就搭機過來，擔任孩子們最喜歡的保母。

感謝我的哥哥埃爾（Eyal）和姊姊雪莉（Shirly），他們美麗的家人曾到紐約拜訪我們，跟我們共度難忘的時光。我們發現，只有以色列的親友來訪時，我們才會花時間細細探索紐約市知名的觀光景點。

本書描述了我任職以色列駐聯大使期間，我們達成的偉大成就以及我們舉辦的某些精彩活動。雖然取得功勞、背負責任的人是我，但對於我身邊的能幹團隊，我只有說不完的感謝。他們是一群年輕、忠誠的猶太復國主義者，日夜在第一線奔波，準備活動和演說，以及協調上百場的媒體採訪。我常在熬夜工作的漫漫長夜裡告訴你們，總有一天，你們能和孫兒分享你們在使團做的事情。我會永遠感激你們提供的金玉良言，以及你們對以色列的付出。

有時候一天下來，我和護衛人員相處得時間比家人還要多。不管是在車上、人潮擁擠的活動會場，或者是我在中央公園慢跑時，我都知道他們一定會保護我。無論天候如何，你們永遠都在，準備為我消除任何威脅，對此我深懷感激。在我職涯中每個職位的團隊裡，總是會有一、兩個認識所有人，而且無所不知的成員。在我聯合國任職期間，管家黛西（Daisy）是我們團隊中的珍貴資產。她幫助我們融入當地，此外，我們在公寓舉辦活動時，她也幫忙協調所有事情。這可不容易，因為必須遵守嚴格的規範。我養成了一個習慣，幾乎每週都會在家裡招待大使共進早餐。我和黛西一起帶大使們認識了以色列沙拉和辣北非蛋。食物是世上最適合開啟話題的工具。

另一名忠誠的團隊成員是司機羅伯特（Robert），他曾為許多前任大使服務。羅伯特熟知紐約市的每個角落，我們信任他和他給的建議。我答應過他，當他實現拜訪以色列的夢想，就換我當他的司機，帶他走訪耶路撒冷的街道。

這本書是在許多人的的協助下方得以完成。我要感謝凱倫・凱利（Karen Kelly），是她協助我寫作，捕捉我的想法，將之化為文字。凱倫，謝謝你的友誼。我要特別感謝著作出版經紀人卡蘿・曼恩（Carol Mann）提供的智慧與經驗。感謝亞當・貝羅（Adam Bellow）和Post Hill Press的優秀團隊提供的支援。

擔任外交人員的其中一項好處就是有機會結識來自世界各地的朋友。能與眾多獨特的人物成為好友，我心裡充滿感謝。致我和泰莉的好友妮基・海莉大使：謝謝你為本書寫序，也感謝你擔任以色列真正的好友。

最後，我想向以色列人民和全世界的猶太社群表達真誠的感謝，謝謝你們給我這次獨一無二的機會，在聯合國的舞台上代表猶太民族。我會珍惜這個機會，並我善用我學到的知識，持續以自信堅決的態度為人民服務。

modified March 15, 2019, https://www.channelnewsasia.com/news/world/christchurch-shooting-eyewitnesses-recount-bodies-all-over-11347472.

28 Shannon Van Sant, "Poway Shooting Latest In Series of Attacks On Places Of Worship," NPR, April 28, 2019, https://www.npr.org/2019/04/28/718043171/poway-shooting-latest-in-series-of-attacks-on-places-of-worship.

29 Felice Gaer, "UN Finally Confronts Antisemitism As A Human Rights Problem," AJC Global Voice, October 16, 2019, https://www.ajc.org/news/un-finally-confronts-antisemitism-as-a-human-rights-problem.

30 "Simon Wiesenthal Center: Landmark UN Report on Anti-Semitism Has Potential To Be A Game Changer ," Simon Wiesenthal Center, September 23, 2019, https://www.wiesenthal.com/about/news/un-report-antisemitism.html.

31 "The Process of Othering," Montreal Holocaust Museum, last modified February 18, 2020, https://museeholocauste.ca/en/resources-training/the-process-of-othering/.

32 Iran Action Group, "OUTLAW REGIME: A CHRONICLE OF IRAN'S DESTRUCTIVE ACTIVITIES," U.S. Department of State, 2018, https://www.state.gov/wp-content/uploads/2018/12/Iran-Report.pdf.

33 Jacques Neriah and Shimon Shapira, "The Iranian Conquest of Syria," Jerusalem Center for Public Affairs, August 14, 2019, https://jcpa.org/article/the-iranian-conquest-of-syria/?mod=article_inline.

34 Iran Action Group, "OUTLAW REGIME: A CHRONICLE OF IRAN'S DESTRUCTIVE ACTIVITIES," U.S. Department of State, 2018, https://www.state.gov/wp-content/uploads/2018/12/Iran-Report.pdf.

35 "Weekend of rockets over Israel," Israel Ministry of Foreign Affairs, May 5, 2019, https://mfa.gov.il/MFA/ForeignPolicy/Terrorism/Pages/Weekend-of-rockets-over-Israel-5-May-2019.aspx.

36 Reuters Staff, "Israeli PM Netanyahu makes rare visit to Oman," Reuters, October 26, 2018, https://www.reuters.com/article/us-israel-oman/israeli-pm-netanyahu-makes-rare-visit-to-oman-idUSKCN1N01WN.

37 Loveday Morris, "Kushner presents vision of a Middle East at peace but no details how to get there," *The Washington Post*, June 25, 2019, https://www.washingtonpost.com/world/middle_east/trump-administration-touts-mideast-peace-plan-at-kushners-bahrain-workshop/2019/06/25/b13a0136-9692-11e9-9a16-dc551ea5a43b_story.html.

38 Loveday Morris and Ruth Eglash, "A Middle East mirage," *The Washington Post*, September 12, 2018, https://www.washingtonpost.com/news/world/wp/2018/09/12/feature/a-middle-east-mirage/?itid=lk_inline_manual_15.

39 Michael Crowley and David M. Halbfinger, "Trump Releases Mideast Peace Plan That Strongly Favors Israel," *The New York Times*, February 4, 2020, https://www.nytimes.com/2020/01/28/world/middleeast/peace-plan.html.

www.counterextremism.com/anti-semitism-history/antisemitism-history/religion-and-antisemitism?gclid=Cj0KCQjw6NmHBhD2ARIsAI3hrM2q54ETuL_4ZR6j79m8nW6VRi4C8Nft87qh_qLstC_HxBN_1zUP4LkaAiFtEALw_wcB.

12 Manya Brachear Pashman, "Antisemitic Tropes Are Proliferating. Can you Spot Them?," AJC Global Voice, March 26, 2021, https://www.ajc.org/news/antisemitic-tropes-are-proliferating-can-you-spot-them.

13 編輯註：原書此處為2018年5月，不符合時間線，為誤植。正體中文版特此修正。

14 Reuters Staff, "Venezuela U.N. envoy sorry for 'final solution' remarks: U.N.," Reuters, May 12, 2016, https://www.reuters.com/article/instant-rticle/idUSKCN0y32Ry.

15 Karen Seidman, "BDS vote stirs up hostilities on McGill campus," *Montreal Gazette*, February 25, 2016, https://montrealgazette.com/news/local-news/bds-vote-stirs-up-hostilities-on-mcgill-campus.

16 譯者註：又譯「伊斯蘭國度」，為非裔美國人的伊斯蘭主義組織。

17 "Farrakhan: In His Own Words," ADL.org https://www.adl.org/education/resources/reports/nation-of-islam-farrakhan-in-his-own-words.

18 "A Brief History of Jews and the Civil Rights Movement of the 1960s," Religious Action Center of Reform Judaism, April 7, 2014, https://rac.org/brief-history-jews-and-civil-rights-movement-1960s.

19 "Farrakhan: In His Own Words," ADL.org https://www.adl.org/education/resources/reports/nation-of-islam-farrakhan-in-his-own-words.

20 譯者註：中東地區的一個伊斯蘭教教派。

21 Yitzhak Santis, "Destructive 'Agnosticism'," *Haaretz*, November 26, 2010, https://www.haaretz.com/1.5145058.

22 John Spritzler, "Norman Finkelstein's Criticism of BDS: Wrong, But With a Germ of Truth," NewDemocracyWorld, February 10, 2013, https://web.archive.org/web/20150612130205/http:/newdemocracyworld.org/palestine/bds.html.

23 "Anti-Semitism: State Anti-BDS Legislation," Jewish Virtual Library, last modified May 25, 2021, https://www.jewishvirtuallibrary.org/anti-bds-legislation.

24 "S.1 A Bill," Congress, January 4, 2019, https://www.congress.gov/116/bills/s1/BILLS-116s1pcs.pdf.

25 Senator Benjamin L. Cardin, "S.Res.120 - A resolution opposing efforts to delegitimize the State of Israel and the Global Boycott, Divestment, and Sanctions Movement targeting Israel," March 25, 2019, https://www.congress.gov/bill/116th-congress/senate-resolution/120.

26 Peter Baker and Maggie Haberman, "Trump Targets Anti-Semitism and Israeli Boycotts on College Campuses," *The New York Times*, last modified January 22, 2021, https://www.nytimes.com/2019/12/10/us/politics/trump-antisemitism-executive-order.html.

27 Reuters, "'Bodies all over me': Eyewitnesses recount horror in Christchurch shootings," CNA, last

https://saveachildsheart.org/news/israeli-non-profit-save-a-childs-heart-wins-un-award.
15 Nicky Blackburn, "Israel sends aid to Mexico after devastating earthquake," Israel21C.org, September 20, 2017, https://www.israel21c.org/israel-sends-aid-to-mexico-after-devastating-earthquake/.
16 Times of Israel staff, "Israeli rescue team applauded in the streets of Mexico," September 23, 2017, https://www.timesofisrael.com/israeli-rescue-team-applauded-in-the-streets-of-mexico/.

第九章

1 "Number of violent anti-Semitic attacks in 2020, by country," Statista.com, June 28, 2021, https://www.statista.com/statistics/270223/violent-anti-semitic-attacks-in-selected-countries/.
2 Ron Lee and Spectrum News Ny1, "NyPD: Jewish man attacked, robbed on way to synagogue," Spectrum News Ny1, July 18, 2021, https://www.ny1.com/nyc/all-boroughs/news/2021/07/18/nypd--jewish-man-attacked--robbed-on-way-to-synagogue.
3 Hayley Smith, Richard Winton, and Lila Seidman, "L.A. sushi restaurant attack is being investigated as an antisemitic hate crime," *The Los Angeles Times*, May 19, 20212, https://www.latimes.com/california/story/2021-05-19/l-a-sushi-restaurant-attack-is-being-investigated-as-an-antisemitic-hate-crime.
4 "Germany vows 'zero tolerance' for attacks on synagogues," Deutsche Welle, May 13, 2021, https://www.dw.com/en/germany-vows-zero-tolerance-for-attacks-on-synagogues/a-57521135.
5 Emily Shapiro, "New york synagogues vandalized in 'brazen' attacks, surveillance video released," ABC News, April 26, 2021, https://abcnews.go.com/US/york-synagogues-vandalized-brazen-attacks-surveillance-video-released/story?id=77316099.
6 Sophie Chong, "Toronto neighborhood home to Jewish businesses targeted with negative reviews," blogTO, June 3, 2021, https://www.blogto.com/city/2021/06/toronto-neighbourhood-jewish-negative-reviews/.
7 Walter Reich, "The Rise of Global Anti-Semitism," Wilson Center, October 22, 2014, https://www.wilsoncenter.org/event/the-rise-global-anti-semitism.
8 Wajahat Ali, "The Same Hate That Targeted Muslims Is Turning on Asian Americans Now," Beast Inside, last modified March 9, 2021, https://www.thedailybeast.com/the-same-hate-that-targeted-muslims-is-turning-on-asians-now.
9 "Hate Crime," FBI: UCR, https://ucr.fbi.gov/hate-crime.
10 Benjamin Ward, "Europe's Worrying Surge of Antisemitism," Human Rights Watch, May 17, 2021, https://www.hrw.org/news/2021/05/17/europes-worrying-surge-antisemitism.
11 "Antisemitism: A History," Counter Extremism Project, last modified November 12, 2021, https://

第八章

1 譯者註：泛指東地中海地區。

2 "Economy of Israel," Fanack.com, June 6, 2020, https://fanack.com/israel/economy-of-israel/.

3 "Gross domestic spending on R&D," OECD Data, https://data.oecd.org/rd/gross-domestic-spending-on-r-d.htm.

4 Michelle Jamrisko, Lee J. Miller, and Wei Lu, "These Are the World's Most Innovative Countries," *Bloomberg*, January 22, 2019, https://www.bloomberg.com/news/articles/2019-01-22/germany-nearly-catches-korea-as-innovation-champ-u-s-rebounds.

5 Rabbi Steven Carr Reuben, "Imagine a World Without Israel - Part 2," Huffpost, last modified October 24, 2014, https://www.huffpost.com/entry/imagine-a-world-without-i_1_b_5706935.

6 "Gross Domestic Product," Google, last modified April 8, 2020, https://www.google.com/publicdata/explore?ds=d5bncppjof8f9_&met_y=ny_gdp_mktp_cd&idim=country:ISR&dl=en&hl=en&q=israel+gdp.

7 Debbie Buchwald, "Israel's High-Tech Boom," Jewish Policy Center, Summer 2008, https://www.jewishpolicycenter.org/2008/05/31/israels-high-tech-boom/.

8 "Israel Economy," The Heritage Foundation, https://www.heritage.org/index/country/israel.

9 David Axe, "Turkey Is The Middle East's Newest Drone Super Power," *The National Interest*, April 9, 2020, https://nationalinterest.org/blog/buzz/turkey-middle-easts-newest-drone-super-power-142242.

10 Charlie Gao, "Why Loitering Munitions Are the Newest and Deadliest Threat," *The National Interest*, September 17, 2019, https://nationalinterest.org/blog/buzz/why-loitering-munitions-are-newest-and-deadliest-threat-81241.

11 JTA, "Israeli surveillance balloon helped protect Pope in South America," *The Times of Israel*, September 26, 2017, https://www.timesofisrael.com/israeli-surveillance-balloon-helped-protect-pope-in-south-america/.

12 Emanuel Fabian, "Israel sends IDF team to Florida to assist with tower collapse rescue efforts," *The Times of Israel*, June 26, 2021, https://www.timesofisrael.com/israel-sending-idf-team-to-florida-to-assist-with-tower-collapse-rescue-efforts/.

13 "Save a Child's Heart conducts 5,555th life-saving procedure on 2-year-old Palestinian boy from Gaza," Save A Child's Heart, November 8, 2020, https://saveachildsheart.org/news/save-a-childs-heart-conducts-its-5-555-lifesaving-procedure-on-a-2-year-old-palestinian-boy-from-gaza.

14 "SACH is First Israeli NGO to Win UN Population Award," Save A Child's Heart, June 28, 2018,

8 Reuters, "Israel sentences Palestinian UN worker for aiding Hamas in plea deal," Eyewitness News, January 5, 2017, https://ewn.co.za/2017/01/05/israel-sentences-palestinian-un-worker-for-aiding-hamas-in-plea-deal.

9 Anna Kokko, "For ordinary Palestinians, full support of BDS is impossible," Albawaba News, June 25, 2015, https://www.albawaba.com/business/ordinary-palestinians-full-support-bds-impossible-712178; Jake Wallis Simon, "Why even the Palestinian Authority opposes the boycott of Israel ?," Europe Israel Press Association, June 11, 2014, https://eipa.eu.com/2014/06/why-even-the-palestinian-authority-opposes-the-boycott-of-israel/.

10 United Nations, "Report on UNCTAD assistance to the Palestinian people: Developments in the economy of the Occupied Palestinian Territory," United Nations Conference on Trade and Development, July 22, 2019, https://unctad.org/system/files/official-document/tdbex68d4_en.pdf.

11 Lucy Garbett, "Palestinian Workers in Israel Caught Between Indispensable and Disposable," Middle East Research and Information Project, May 15, 2020, https://merip.org/2020/05/palestinian-workers-in-israel-caught-between-indispensable-and-disposable/#_edn1.

12 Yoel Goldman, "Abbas: Don't boycott Israel," *The Times of Israel*, December 13, 2013, https://www.timesofisrael.com/abbas-we-do-not-support-the-boycott-of-israel/.

13 Kareem Estefan, Carin Kuoni, and Laura Raicovich, "*Assuming Boycott: Resistance, Agency and Cultural Production*," October 10, 2017, https://www.amazon.com/Assuming-Boycott-Resistance-Cultural-Production/dp/1944869433/ref=sr_1_1?dchild=1&keywords=assuming+boycott&qid=1626040322&sr=8-1.

14 Kareem Estefan, Carin Kuoni, and Laura Raicovich. "FOREWORD." *Assuming Boycott: Resistance, Agency, and Cultural Production* (New york; London: OR Books, 2017, pp. 7–10). JSTOR, www.jstor.org/stable/j.ctv62hfrq.3. Accessed 19 Mar. 2020.

15 Gloria Pazmino, "Queens Museum reinstates Israel event after backlash," *Politico*, August 16, 2017, https://www.politico.com/states/new-york/city-hall/story/2017/08/16/queens-museum-reconsidering-israel-event-cancellation-after-backlash-113992.

16 Gloria Pazmino, "Queens Museum reinstates Israel event after backlash," *Politico*, August 16, 2017, https://www.politico.com/states/new-york/city-hall/story/2017/08/16/queens-museum-reconsidering-israel-event-cancellation-after-backlash-113992.

17 Andy Battaglia, "Laura Raicovich Counters Queens Museum Report of 'Poor Judgement' and Misleading Board," ARTnews, February 15, 2018, https://www.artnews.com/art-news/news/laura-raicovich-counters-queens-museum-report-poor-judgement-misleading-board-9822/.

18 "Israeli Practices towards the Palestinian People and the Question of Apartheid," United Nations ESCWA, March 2017, https://electronicintifada.net/sites/default/files/2017-03/un_apartheid_report_15_march_english_final_.pdf.

3 Aryeh Savir, "Israel slams UN's 'shameful' war crimes probe," World Israel News, May 30, 2021, https://worldisraelnews.com/israel-slams-uns-shameful-war-crimes-probe/.
4 Reuters, "Israel begins operation to expose Hezbollah 'attack tunnels' on Lebanon border," *The Guardian*, December 4, 2018, https://www.theguardian.com/world/2018/dec/04/israel-military-hezbollah-attack-tunnels-lebanon-border.
5 Times of Israel staff and Judah Ari Gross, "IDF reveals 'longest, most significant' Hezbollah tunnel on northern border," *The Times of Israel*, last modified May 30, 2019, https://www.timesofisrael.com/idf-reveals-longest-most-significant-hezbollah-tunnel-yet-on-northern-border/.
6 Fares Akram and Josef Federman, "58 dead in Gaza protests as Israel fetes US Embassy move," AP News, May 15, 2018, https://apnews.com/article/donald-trump-ap-top-news-international-news-hamas-jerusalem-42e68289e3244ca2879f258d4e445850.
7 譯者註：或稱「授業座」，是一種猶太人的宗教教育機構，主要負責對猶太教傳統宗教典籍。

第七章

1 Nitsan Keidar, "Danon chides France in maiden UN speech," Israel National News, October 22, 2015, https://www.israelnationalnews.com/News/News.aspx/202311.
2 World Tribune, "'Israeli blood is no less valuable than French blood,' Danon tells UN," World Tribune, November 24, 2015, https://www.worldtribune.com/archives/israeli-blood-is-no-less-valuable-than-french-blood-danon-tells-un/.
3 Ari Yashar, "'Peaceful resistance'? PA, Fatah call to stab Jews," Israel National News, October 22, 2015, https://www.israelnationalnews.com/News/News.aspx/202295.
4 Zalman Ahnsaf, "Annual Israel-Bashing Day at U.N.," *Hamodia*, December 1, 2016, https://hamodia.com/2016/ 12/01/annual-israel-bashing-day-u-n/.
5 Judah Ari Gross, "Israel charges UN employee with aiding Hamas in Gaza," *The Times of Israel*, August 9, 2016, https://www.timesofisrael.com/israel-charges-un-employee-with-aiding-hamas-in-gaza/.
6 "Charter of the United Nations: Chapter XVI—Miscellaneous Provisions," Codification Division Publications, https://legal.un.org/repertory/art104_105.shtml.
7 Ariane Mandell and Herb Keinon, "Danon denies UN prisoner release demands, stating 'Immunity is not given to terrorists'," *The Jerusalem Post*, last modified August 25, 2016, https://m.jpost.com/arab-israeli-conflict/danon-denies-un-prisoner-release-demands-stating-immunity-is-not-given-to-terrorists-466098/amp.

2021, https://apnews.com/article/donald-trump-jerusalem-honduras-middle-east-religion-49d8f0a908d2a0bf16830071e2c6f5f0.

9 Zenel Zhinipotoku and Llazar Semini, "Kosovo opens embassy to Israel in Jerusalem," AP News, March 14, 2021, https://apnews.com/article/europe-embassies-israel-kosovo-summits-451d3caf98fac4ed37abcd74e6815a8a.

10 Barak Ravid, "Days After Netanyahu-Putin Meeting, Russia Threatened to Veto anti-Hezbollah Move Led by Israel and U.S. at UN," *Haaretz*, September 6, 2017, https://www.haaretz.com/israel-news/russia-threatened-to-veto-anti-hezbollah-move-at-un-1.5448254.

11 "Lebanese parties must not get involved in Syrian crisis, Security Council stresses," United Nations News, March 14, 2013, ttps://news.un.org/en/story/2013/03/434452-lebanese-parties-must-not-get-involved-syrian-crisis-security-council-stresses.

12 "Security Council Committee pursuant to resolutions 1267 (1999) 1989 (2011) and 2253 (2015) concerning Islamic State in Iraq and the Levant (Da'esh), Al-Qaida and associated individuals, groups, undertakings and entities," United Nations Security Council, https://www.un.org/securitycouncil/sanctions/1267.

13 Alexander Corbeil, "Hezbollah is Learning Russian," Carnegie Endowment for International Peace, February 26, 2016, https://carnegieendowment.org/sada/62896?lang=en.

14 Associated Press, "Israel gains a seat on U.N. panel after 50 years of isolation," Deseret News, May 31, 2000, https://www.deseret.com/2000/5/31/19560460/israel-gains-a-seat-on-u-n-panel-after-50-years-of-isolation.

15 Associated Press, "Israel pulls out of race for seat on UN security council," *The Guardian*, May 5, 2018, https://www.theguardian.com/world/2018/may/05/israel-pulls-out-of-race-for-seat-on-un-security-council.

16 "US resolution to condemn activities of Hamas voted down in General Assembly," United Nations News, December 6, 2018, https://news.un.org/en/story/2018/12/1027881.

第六章

1 JB Shreve, "Israel Has A Right to Defend Itself—This Is Not Defense," JBShreve.com, May 19, 2021, https://jbshreve.medium.com/israel-has-a-right-to-defend-itself-this-is-not-defense-8b462396837b.

2 Yagil Levy, "Israel's Iron Dome defense system protects Israeli lives. It also perpetuates the Israel-Gaza conflict," *The Washington Post*, May 14, 2021, https://www.washingtonpost.com/politics/2021/05/14/israels-iron-dome-defense-system-protects-israeli-lives-it-also-perpetuates-israel-gaza-conflict/.

orders-muslim-brotherhood-tv-channels-stop-attacking-egypt.

9 Brent Scher, "Donald Trump's U.N Pick Was First Governor to Sign Anti-BDS Legislation," The Washington Free Beacon, November 23, 2016, https://freebeacon.com/issues/donald-trumps-u-n-pick-was-first-governor-to-sign-anti-bds-legislation/.

10 Nikki Haley, *With All Due Respect* (New York: St Martin's Press, 2019, p.99).

11 譯者註：指位於撒哈拉沙漠以南的非洲國家。

12 譯者註：現已改組為非洲聯盟。

13 編輯註：史瓦濟蘭（Swaziland）已於2018年更名為史瓦帝尼（Eswatini）。

14 Shaina Oppenheimer, "'A Life-and-death Matter': How Israel Helped Singapore When It Needed It Most," *Haaretz*, March 16, 2020, https://www.haaretz.com/israel-news/.premium-the-lion-city-and-the-start-up-nation-how-israel-helped-singapore-1.8676074.

第五章

1 譯者註：全名為「以色列情報及特殊使命局」，是以色列的情報機構，從事隱蔽行動、暗殺與反恐任務等。

2 Merrit Kennedy, "For First Time, U.S. Abstains On U.N. Resolution Criticizing Cuba Embargo," NPR, October 26, 2016, https://www.npr.org/sections/thetwo-way/2016/10/26/499469386/for-first-time-u-s-abstains-on-u-n-resolution-condemning-cuba-embargo.

3 Glick, Edward B., "Palestine Partition Resolution," *Journal of Inter-American Studies* Vol. 1, No. 2 (Apr., 1959), pp. 211-222 (12 pages), Cambridge University Press, https://www.jstor.org/stable/165028.

4 Jeffrey Heller and Dan Williams, "Guatemala opens embassy in Jerusalem, two days after U.S. move," Reuters, May 16, 2018, https://www.reuters.com/article/us-israel-palestinians-guatemala-idUSKCN1IH0Q7.

5 Pedro Servin, "Paraguay moves Israel embassy back out of Jerusalem," AP News, September 5, 2018, https://apnews.com/article/47777edc22f548e4a8f69fd239f0e6ef.

6 Ali Sawafta and Daniela Desantis, "Israel closing embassy in Paraguay in response to return of mission to Tel Aviv," Reuters, September 5, 2018, https://www.reuters.com/article/us-paraguay-israel-netanyahu/israel-closing-embassy-in-paraguay-in-response-to-return-of-mission-to-tel-aviv-idUSKCN1LL2KG.

7 Ilan Ben Zion, "Honduras opens embassy in Jerusalem, 4th country to do so," AP News, June 24, 2021, https://apnews.com/article/donald-trump-jerusalem-honduras-middle-east-religion-49d8f0a908d2a0bf16830071e2c6f5f0.

8 Ilan Ben Zion, "Honduras opens embassy in Jerusalem, 4th country to do so," AP News, June 24,

3 Jonathan Cook, "Just as Dermer turned the White House into a diplomatic battlefield, Danon will do the same at the UN," Mondoweiss, August 25, 2015, https://mondoweiss.net/2015/08/turned-diplomatic-battlefield/.

4 Batsheva Sobelman, "Palestinian goes on trial in stabbing attack on fellow 13-year-old," *The Los Angeles Times*, November 10, 2015, ttps://www.latimes.com/world/middleeast/la-fg-israel-palestinians-stabbings-teen-20151110-story.html.

5 譯者註：猶太復國主義準軍事組織，目標為以武力將英國託管當局逐出巴勒斯坦，建立猶太民族國家。

6 Steven Erlanger, "Tearfully but Forcefully, Israel Removes Gaza Settlers," *The New York Times*, August 18, 2005, https://www.nytimes.com/2005/08/18/world/middleeast/tearfully-but-forcefully-israel-removes-gaza-settlers.html.

7 譯者註：猶太教節日，紀念以色列人脫離奴隸身份離開埃及。

8 譯者註：猶太教節日，是猶太人每年最神聖的日子，當天會全日禁食和恆常祈禱。

9 譯者註：猶太男性在宗教活動中佩戴的無邊緣布帽。

第四章

1 The Group of 77, "Latest Statements and Speeches," The Group of 77 at the United Nations, http://www.g77.org.

2 譯者註：於埃及成立的遜尼派伊斯蘭組織，是近代伊斯蘭世界最早的政治反對團體。

3 Fiamma Nirenstein, "Erdoğan uses incitement as an ideological weapon of war," Jewish News Syndicate, November 1, 2020, https://www.jns.org/opinion/erdogan-uses-incitement-as-an-ideological-weapon-of-war/.

4 Seth J. Frantzman, "Analysis: Turkey's Erdogan stakes his claim to Jerusalem," The Jerusalem Post, last modified May 10, 2017, https://www.jpost.com/Israel-News/Analysis-Erdogan-stakes-his-claim-to-Jerusalem-490217.

5 Raphael Ahern, "'Jerusalem is our city,' Turkey's Erdogan declares," The Times of Israel, October 1, 2020, https://www.timesofisrael.com/jerusalem-is-our-city-turkeys-erdogan-declares/.

6 Yoni Weiss, "Report: Turkey Willing to Exchange Ambassadors With Israel," *Hamodia*, March 30, 2021, https://hamodia.com/2021/03/30/report-turkey-willing-exchange-ambassadors-israel/.

7 Yoni Weiss, "Israel Denies Turkish Request for Ambassadorial Exchange," *Hamodia*, March 30, 2021, https://hamodia.com/2021/03/30/israel-denies-turkish-request-ambassadorial-exchange/.

8 Saeed Abdulrazzak, "Turkey Orders Muslim Brotherhood TV Channels to Stop Attacking Egypt," *Asharq Al-Awsat*, March 20, 2021, https://english.aawsat.com/home/article/2870866/turkey-

勢力逐出黎巴嫩。現今是黎巴嫩主要的反對黨。

11 "Full Text of Obama's UN General Assembly Speech," *Haaretz*, September 24, 2013, https://www.haaretz.com/1.5180811.

12 Kambiz Froohar, "Jerusalem Embassy Vote Draws First U.S. Veto at UN Under Trump," *Bloomberg*, December 17, 2017, https://www.bloomberg.com/news/articles/2017-12-17/un-to-vote-on-resolution-rejecting-trump-jerusalem-embassy-move.

13 Bari Weiss, "Can an Archaeological Dig Change the Future of Jerusalem?" *The New York Times*, March 30, 2019, https://www.nytimes.com/interactive/2019/03/30/opinion/sunday/jerusalem-city-of-david-israel-dig.html.

14 譯者註：《希伯來聖經》中稱耶路撒冷或以色列為錫安。

15 對該決議投下反對票的國家有多哥、密克羅尼西亞、諾魯、帛琉、馬紹爾群島、瓜地馬拉和洪都拉斯。

16 放棄投票的國家包括安地卡及巴布達、阿根廷、澳大利亞、巴哈馬、貝南、不丹、波士尼亞與赫塞哥維納、喀麥隆、加拿大、哥倫比亞、克羅埃西亞、捷克共和國、多米尼加共和國、赤道幾內亞、斐濟、海地、匈牙利、牙買加、吉里巴斯、拉脫維亞、賴索托、馬拉威、墨西哥、巴拿馬、巴拉圭、菲律賓、波蘭、羅馬尼亞、盧安達、索羅門群島、南蘇丹、千里達及托巴哥、吐瓦魯、烏干達和萬那杜。Amanda Connolly, "Canada among 35 abstaining from UN vote condemning American embassy move to Jerusalem," Global News, December 21, 2017, https://globalnews.ca/news/3929255/canada-abstains-un-vote-american-embassy-jerusalem/.

17 編輯註：原書此處為2017年5月，不符合時間線，為誤植。正體中文版特此修正。

18 作者註：我想指出，雖然包括記者在內的許多旁觀者都深信五月十四日至十五日的巴勒斯坦抗議活動是由大使館開幕直接造成的結果，但事實上，這起事件發生的背景是所謂的「回歸大遊行」（Great March of Return），這場運動由哈馬斯和其他巴勒斯坦團體發起，為期六週，從三月下旬開始，並在五月十四日達到高峰，也就是公曆上以色列建國第七十週年的前一天，巴勒斯坦人稱之為災難日（Nakba Day）。

第三章

1 Vanessa Friedman, "The Power of the yellow Vest," *The New York Times*, December 4, 2018, https://www.nytimes.com/2018/12/04/fashion/yellow-vests-france-protest-fashion.html.

2 Jonathan Cook, "Israel's choice of envoy sends a message to the UN," The National News, August 24, 2015, https://www.thenationalnews.com/opinion/israel-s-choice-of-envoy-sends-a-message-to-the-un-1.14608/.

11 審校註：全名為農業研究機構沃卡尼中心（Agricultural Research Organization Volcani Center）。沃爾卡尼中心於1921年成立，早於以色列建國。此中心是以色列的國家農業研發中心，當中有200名科學家，其農業研究和創新的成果占全國75%以上，一直是以色列享譽世界的農業專業技術背後的推手。沃爾卡尼中心是以色列農業部下的一個正式部門。

第二章

1 "By My Spirit," Holy Land Moments, June 9, 2017, https://www.holylandmoments.ca/devotionals/by-my-spirit-3.

2 "Prime Minister Winston Churchill's address to Harrow School on October 29, 1941," University of Waterloo, http://www.eng.uwaterloo.ca/~jcslee/poetry/churchill_nevergivein.html.

3 譯者註：符合猶太教飲食規定的食材，對可食用的動物種類、屠宰、烹調方式有所限制。

4 譯者註：猶太教節日，期間為猶太曆法基斯流月（Kislev）二十五日至提別月（Tevet）二日或三日。

5 審校註：哈巴德是猶太教哈西迪教派中的一支。1951年，梅納凱姆・施尼爾森（Menachem Mendel Schneerson）成為第七代哈巴德拉比，並將哈巴德運動轉變為當代世界最廣泛的猶太人運動。哈巴德在全世界約950個城市建立了機構，到21世紀初，此類機構的數量估計為3300個。他們分布在75個國家，透過猶太社區中心、猶太教會堂、學校和夏令營來提供猶太人人道協助與教育。

6 Zeke J. Miller, "Transcript: Netanyahu Speech to Congress," *Time*, March 3, 2015, https://time.com/3730318/transcript-netanyahu-speech-to-congress/.

7 審校註：阿拉伯聯盟是阿拉伯世界的一個區域組織，其成員位於非洲北部、非洲西部、非洲東部和亞洲西部。阿拉伯聯盟於1945年3月22日在開羅成立，最初有六個成員。埃及、伊拉克、外約旦（1949年改名為約旦）、黎巴嫩、沙烏地阿拉伯和敘利亞。葉門於1945年5月5日加入為成員。目前，該聯盟有22個成員，但敘利亞的參與自2011年11月起被暫停。

8 編輯註：葉利琴科的駐美大使任期為2019-2021年。2021年2月25日，烏克蘭總統澤倫斯基（Volodymyr Oleksandrovych Zelenskyy, 1978-）任命馬爾卡羅娃（Oksana Markarova, 1976-）為新任烏克蘭駐美大使。

9 AssafChriqui, "Israeli Ambassador full speech on UN settlement vote (UNSC Resolution 2334)," YouTube, 5:56, December 23, 2016, https://www.youtube.com/watch?v=hPxSx8qdpWA.

10 譯者註：伊朗資助成立的什葉派伊斯蘭政治和軍事組織，宗旨為消滅以色列，把西方

註釋

第一章

1 Improvate, "Israeli Technology Leading World Out of COVID-19 Crisis," PR Newswire, January 25, 2021, https://www.prnewswire.com/news-releases/israeli-technology-leading-world-out-of-covid-19-crisis-301213942.html.

2 "Israel's Benjamin Netanyahu agrees coalition deal," BBC News, May 7, 2015, https://www.bbc.com/news/world-middle-east-32618192.

3 編輯註：安息日是猶太教每週一天的休息日，按照猶太曆法，是由週五日落起至週六日落止。

4 David Horovitz, "Danny Danon, dismally, is the true face of Netanyahu's Israel," *The Times of Israel*, August 14, 2015, https://www.timesofisrael.com/danny-danon-dismally-is-the-true-face-of-netanyahus-israel/.

5 Allison Kaplan Sommer, "Six Reasons to Worry About Israel's New UN Ambassador Danny Danon," *Haaretz*, last modified April 10, 2018, https://www.haaretz.com/.premium-six-reasons-to-worry-about-israels-new-un-ambassador-1.5387895.

6 Herb Keinon, "Danny Danon appointment shows what Netanyahu thinks of UN," *The Jerusalem Post*, last modified August 16, 2015, https://www.jpost.com/israel-news/politics-and-diplomacy/new-ambassador-to-un-danon-pledges-to-surprise-his-critics-412221.

7 Daniel Gordis, "Making Sense of Israel's Odd UN Appointment," *Bloomberg*, August 18, 2015, https://www.bloomberg.com/opinion/articles/2015-08-18/making-sense-of-israel-s-odd-un-appointment.

8 Jodi Rudoren, "Netanyahu Appoints Right-Wing Politician as Israeli Ambassador to U.N.," *The New York Times*, August 14, 2015, https://www.nytimes.com/2015/08/15/world/middleeast/netanyahu-appoints-right-wing-politician-as-israeli-ambassador-to-un.html.

9 譯者註：第一次世界大戰結束後，國際聯盟委託英國暫時託管巴勒斯坦地區，直到1948年以色列建國為止。

10 "Israel Population 2021 (Live)," World Population Review, https://worldpopulationreview.com/countries/israel-population.

啟思路20　PF0335

深入獅穴：
以色列駐聯合國大使工作實錄

作　　者	丹尼・丹農（Danny Danon）
譯　　者	李偉誠
審　　校	陳建元
責任編輯	尹懷君
圖文排版	陳彥妏
封面設計	王嵩賀

出版策劃	釀出版
製作發行	秀威資訊科技股份有限公司 114 台北市內湖區瑞光路76巷65號1樓 電話：+886-2-2796-3638　傳真：+886-2-2796-1377 服務信箱：service@showwe.com.tw http://www.showwe.com.tw
郵政劃撥	19563868　戶名：秀威資訊科技股份有限公司
展售門市	國家書店【松江門市】 104 台北市中山區松江路209號1樓 電話：+886-2-2518-0207　傳真：+886-2-2518-0778
網路訂購	秀威網路書店：https://store.showwe.tw 國家網路書店：https://www.govbooks.com.tw
法律顧問	毛國樑　律師
總 經 銷	聯合發行股份有限公司 231新北市新店區寶橋路235巷6弄6號4F 電話：+886-2-2917-8022　傳真：+886-2-2915-6275

出版日期	2023年4月　BOD一版
定　　價	420元

讀者回函卡

Printed in Taiwan

國家圖書館出版品預行編目

深入獅穴：以色列駐聯合國大使工作實錄 / 丹尼.丹農(Danny Danon)著；李偉誠譯. -- 一版. -- 臺北市：釀出版, 2023.04
面；　公分. -- (啟思路；20)
BOD版
譯自：In the lion's den : Israel and the world
ISBN 978-986-445-785-4(平裝)

1.CST: 丹農(Danon, Danny)　2.CST: 聯合國
3.CST: 外交人員　4.CST: 傳記　5.CST: 國際關係
6.CST: 以色列

783.538　　112001204